사랑의 순간들로의 여행

CONTENTS

POETRY

INTERVIEW

(나(너)는 너(나)와) 우리

황혜경

하늘의 소음을 그리는 그리기 대회에서는

하늘은 높게 소음은 낮게

그리고 나(너)는   너(나)와 둘은

그리고 공원을 걸었다

공항소음대책추진지원센터가 진행하는,

향하는,

곳에는,

그림을 그리라고 깔아준 잔디가 연초록이었다

둘이각자혼자걸었다

안약을 넣고 눈을 비비고 다시 바라볼 때

그것은 나무를 보고 돌아온 마음이거나

숲에서 머물고 기다리던 시간의 모양을 닮아있었으며

나(너)는   너(나)와

멀리 가는 것만이 여행은 아니었다

동일한 시간과 비슷한 서로의 (안)에 있을 때

둘의 동선이 겹쳐지고 날씨는 맑음

해맑은 손과 발은 4개씩 겹쳐지고 그림자는 포개진다

알게 모르게 나누고 있는 그림자

둘이나란히걸었다

네가 솅겐 조약 가입국의 나라 이름을 가르쳐주었을 때 나는 외우면서 통행을 허용하면서

나(너)는 너(나)와 동행할 수 있는 규칙이 생기고

봄여름가을겨울의 여러 날이 포옹이었다

그리고 점점 (나(너)는 너(나)와)

포옹이 포옹을 안고 포용이었다

둘이우리는걸었다체온이올랐다

침묵으로도 최선의 말을 나눌 수 있는 한동안

((나(너)는 너(나)와))

(((나(너)는너는나와)))

((((나(너)는너(나)와))))

(((((나(너)는나(너)와)))))

((((((나(너)는나(너)와))))))

우리가되었다

황혜경
2010년 「문학과사회」 신인문학상을 수상하며 작품활동을 시작했다.
시집 『느낌 氏가 오고 있다』 『나는 적극적으로 과거가 된다』 『겨를의 미들』

사랑을 시작하면 여행을 떠납니다.
우리만의 시간과 공기를 만나기 위한 작당모의 끝에,
혹은 무던하게 훅, 떠나버리는 여행.
어디로 가든 연인은 즐겁습니다.
낯선 둘만의 시간이 시작되니까요.

'사랑의 순간들로의 여행'

직장인으로, 배우로, 서점 주인으로, 농부로 삶을 이어가는
일곱 커플들을 만나 일곱 가지 사랑과 여행 이야기를 들었습니다.
사랑을 시작하던 때, 둘의 다름을 발견하던 때,
그 다름을 인정하고 하나로 버무리며 여전히 성장하는 나날들.
하나가 둘이 되는 이야기는 대체 왜 이렇게 재밌는 걸까요?

그들 역시 자신들의 사랑을 타인에게 들려주는 순간,
또 다른 여행을 떠나고 있는 것처럼 보였습니다.
과거일 수도, 미래일 수도 있습니다.

바른생각은 세상에서 유일한 서로가 더 나은 서로가 되기 위해
성장하려는 커플들의 서사를 응원하고 싶었습니다.
단어와 단어, 문장과 문장 사이가 촘촘히 모여
한 편의 아름다운 시를 만들 듯.

책에는 사랑을 담은 시와 소설, 뮤즈의 인터뷰도 있습니다.

서로의 온기가 절실한 계절,
사랑의 서사가 필요한 당신에게 바칩니다.

바른생각

Sein Park &
Juyoung Kwon

희곡과 수필의 경계에서
'우리다운' 사랑을 쓰다

"우리는 이제 어떻게 살게 될까, 어떤 미래가 우리를 기다리고 있을까… 소설을 보면 결말
이 뻔히 보이는데, 정작 내 얘기가 되니, 아무도 정답을 말해주지 않아."
— 안톤 체호프의 『세 자매』 중에서…

박세인 배우, 서점지기 @ppacseine
권주영 배우, 서점지기 @pic_kwon

짙은 현실 가운데 자그마한 틈이 생기면 그 순간 극적인 일이 벌어진다. 이를테면 남자와 여자는 사랑에 빠진다. 운명처럼 혹은 숙명이라는 듯. 그리고 살아간다. 연극과 영화, 희곡과 수필의 경계를 넘나들면서. '끈질기게 사랑하고, 징그럽도록 도망치고 싶은 이야기'가 체호프 희곡의 묘미라는 배우 박세인의 말에는 동의하지만, 글쎄. 배우 박세인·권주영 커플은 조금 다른 방식으로 사랑을 그러모은다. 그들의 사랑은 잔잔하면서도 역동적이고, 소박한 한편 진취적이다. 그 모습에서 '바람과 함께 춤추지 못하는 자, 끈으로 묶여 마땅한 자' '수천의 방식으로 춤을 추자'라 외치던 프리드리히 니체를 떠올린다. 니체처럼 이들도 자유롭게 삶의 모든 순간을 사유한다.

주체적인 감각으로 사랑하고
살아가고 싶어

희곡 전문 서점이라니 특색 있어요. 희곡집 종류가 이렇게 다양한 줄도 몰랐고요.

세인 이 정도면 사실 서점치고는 정말 작은 규모예요. 그런데도 많이들 관심 보이고 들러주세요, 감사하게도.

서점 이름이 인스크립트(Inscript), 어떤 의미를 담고 있나요?

세인 in script. 스크립트 안에서, 대본 안에서라는 의미를 담고 있어요. 희곡과 연극·영화 전문 서점 정체성이 드러나면서 직관적인 이름이면 좋겠다고 생각했는데, 고민하다가 갑자기 떠올라 결정했어요. 떠올리고 보니, 세인(인)의 대본(In's script), 이런 의미도 덩달아 생겨 딱이라고 생각했죠. 주영에겐 미안하지만.

두 분 다 직업이 배우인데, 언제부터 이런 공간을 꿈꿨나요?

주영 공간을 계획한 지는 한 2~3년 된 것 같아요. 사실 책은 거의 이 친구(세인)가 많이 읽어요. 제가 항상 놀리거든요. 책이랑 운동이 저에게는 노력인데, 이 친구는 쉴 때 하는 게 그런 거라서. 그럴 때마다 "야, 너 또 노냐?" 이렇게 놀리곤 했죠. 그 정도로 책을 좋아하는 모습을 지켜보니까 자연스럽게 구상이 되더라고요.

세인 연기를 쭉 해왔고 앞으로도 연기를 할 테지만, 만약 다른 일을 한다면 둘 다 막연히 공간을 꾸리고 싶다고 생각하긴 했어요. 그렇다고 제가 서점 주인이 될 거라고는 절대 생각하지 않았고, 꿈꿔본 적도 없어요. 주영이 먼저 제안해 주니 그제야 해보고 싶다는 생각이 들더라고요. 결정적인 계기는 주영이 입시연기학원에서 애들을 가르칠 때였어요. 수업 때문에 희곡을 찾아야 했는데, 막상 그 과정이 너무 어려워서 '희곡이 한데 모인 공간, 우리가 만들어 볼까?' 이렇게 생각했죠.

배우 지망생들에게는 너무 좋은 소식이었겠어요.

세인 네, 대부분 알고 찾아와 주시는 분들이에요. 물론 지나다 들르시는 분들도 있지만요.

주영 가장 근본적인 건 생존이었어요. 결혼하면 책임감이라고도 할 수 있지만, 왜 그런 압박감이 있잖아요. 둘이 결혼했으니 먹고 사는 데는 큰 문제가 없어야 맞는데, 저희는 여전히 프리랜서고. 공연 하나 마치고 번 돈으로 몇 개월을 버텨야 하고. 그런 면에서 양가 부모님 눈치도 좀 보였죠. 그런 문제로 주변에 힘들어하는 배우들도 많았고요. '우리가 연기를 지속하려면 초점을 너무 배우에만 두면 안 되겠다' 그런 생각이 들더라고요.

세인 그래도 완전히 다른 일을 하고 싶지는 않았어요. 배우라는 직업과 서로 영향을 주고받을 수 있는 일이면 좋겠다, 막연히 그렇게 생각했어요. 희곡, 책. 이런 것들을 얘기하면 우리가 잘할 수 있을 것 같고, 재미있게 할 수 있을 것 같고. 큰돈을 벌지 못하더라도 지속성이 있겠다고 여겨졌어요.

서점을 운영하면서 두 분의 일상도 좀 바뀌었겠어요. 서점은 어쨌든 자리를 지켜야 하는 공간이잖아요.

세인 네, 확실한 건 할 일이 엄청나게 많아졌다! (웃음)

주영 맞아요, 보통 작업 없을 때는 시간이 너무 남아서 그 시간을 어떻게 쓸까가 가장 큰 고민이었는데, 이제 남은 시간을 전부 여기에서 보내니까 많이 바빠졌어요, 둘 다. 근데 요즘은 하루 대부분을 거의 공연 연습 시간으로 보내고 있어요.

세인 제가 책과 콘텐츠 담당, 주영이 메뉴와 음료, 전체적인 행정 담당으로 분야를 나누고 있는데…

주영 그래서 제가 연습 마치고 오면 쉴 때 에이드에 쓸 청 준비하거나 더치 커피 내리거나, 재료 떨어지지 않게 마트 다녀오거나, 뭐 이런 것들을 해요.

세인 저는 시간 날 때 어떤 책을 홍보할지, 서점에서 어떤 모임을 할지. 이런 프로그램을 계속 생각해요. 그래서 사실 퇴근이 없어졌어요. 아, 너무 힘들다, 이렇게 생각할 시점에 어떤 지인이 그러더라고요. "눈 떠서 할 일이 있네? 좋겠다!" 저는 이 말이 고깝게 들리는 게 아니라 '아, 우리가 할 일을 스스로 만들어냈구나' 싶어서 약간 성취감을 느꼈어요. 마음

박세인 · 권주영

박세인 · 권주영

23

편히 쉬면 물론 좋겠지만, 지금은 저희가 스스로 루틴을 만든 격이 되었잖아요.

연인에서 부부로 바뀌면서 가장 큰 변화였겠네요.

세인   그렇죠. 연애할 때는 불안이 관계에서 파생되었다면 결혼 이후로는 불안의 대상이 옮겨가더라고요. 같이 살아갈 방향, 우리의 생존, 이런 것들로요. 결혼을 굳이 안 해도 된다고 생각했고, 결혼을 망설인 시간도 꽤 길었어요. 그런데 제도권 안으로 들어가게 되니 모든 면에서 삶의 궤를 같이하게 되더라고요.

'가족 관계 등록'이라는 제도는 정말 독특한 구속이죠.
9년 열애 후 결혼, 이제 10년 차 커플이죠? 두 분은 어떻게 만나셨어요?

주영   시간이 많이 지나서 둘의 기억이 좀 다르겠지만, 어쨌든 첫 만남은 독립영화 단편 촬영장이었어요. 세인이는 여자 주인공, 제가 남자 주인공이었는데 첫인상이 별로 좋진 않았어요. 서로. '저 사람은 뭔가 친해지기 어렵겠다' 그런 느낌?

세인   맞아요, 제가 그때는 지금보다 심적으로 어두웠을 때이기도 했고, 주영도 뭔가 당시 밤새 다른 촬영을 하고 와서 계속 자고 있었어요. 첫인상은 뭐라 해야 할까, 연기보다는 좀 있어 보이려 하는…

주영   제가 그때는 약간 힘이 많이 들어가 있었죠. 좀 허세가 있었어요. (웃음) 이 친구는 또 역할 때문에 계속 담배 피우는 연습을 해야 했는데, 제 눈에는 노란색 원피스 입고 한구석에서 계속 담배만 태우는…

그때 두 분 나이는 어떻게 되셨어요?

세인   저는 스물둘이었고, 주영은 스물넷 겨울이었어요. 어떻게 보면 저도 그때는 다른 사람들 보기에 허세 부리는 것처럼 느껴졌을 것 같아요. 그날 촬영 장소가 캐주얼 펍이었는데, 일 끝나고 의례적으로 사람들끼리 모여서 뭔가를 먹고 또 의례적으로 번호 교환을 하고, 마침 집에 가는 길이 같은 방향이었던 거예요. 첫인상과 다르게 말도 너무 잘 통하고. 늦은 밤이었는데, 헤어지려니 좀 아쉽더라고요. '커피 한 잔 더 하자고 할까?' 하다가 말았죠.

주영   그때 지하철역에서 헤어지려 할 때 서로 하고 싶은 말은 더 있는데, 이대로 집에 가야 하나 싶은 망설임의 눈빛이 한 5초 정도 있었어요.

세인 아쉽게 집에 갔는데, 마침 그날 잘 들어갔느냐 이런 것부터 시작해서…

주영 아니야, 바로 연락 안 했어. 이틀인가 뒤에 했지.

세인 이렇게 기억이 달라져서야. 이제 확인할 방법이 없습니다. (웃음) 아무튼 그렇게 연락이 오가면서 급속도로 가까워졌어요. 얘기도 정말 많이 하고.

처음 시작하는 연인들에겐 그런 게 있죠. 굉장한 짜릿함이라 해야 할까요?

세인 네, 맞아요. 어쨌든 정말 강렬하고 빠르게 가까워졌어요. 밤새 통화하고, 얘기도 많이 나누고. 그래서 사실 둘이 데이트를 몇 번 안 하고 사귀기로 결심했어요. 한 세 번 봤나? 일주일?

주영 그때가 크리스마스 한 달 전이었어요. 내가 얘를 좋아하는 것 같다, 크리스마스에 고백해야겠다, 저는 그렇게 생각했거든요. 근데 만난 지 일주일 정도 됐을 때 얘가 저한테 화를 내더라고요, 술자리에서.

세인 한 사람 얘기만 들으면 이렇게 되는 거예요. (웃음) 지금 생각해 보면 얘기 많이 하고 오래 전화하고, 그런 유연한 만남도 충분히 괜찮을 것 같은데, 그때는 제 상황이 그렇지 않았어요. 이런 사이는 분명 특별한 건데, 나중에 상대가 발뺌하면 끝이잖아요. 사귀고 아니고를 떠나서 좀 확실히 하고 싶었죠. 네, 그때는 제가. 좀 조급하긴 했습니다.

기다리는 쪽은 애매하다 느낄 수 있어요, 충분히.

세인　그 뒤로 10년이 지났는데, 좀 신기해요. 서로를 남자친구, 여자친구 아닌 상태로 알던 시기는 평생에 일주일밖에 없고 이후로는 내내 가까이에서 붙어 지냈으니까.

주영　보통 오래 연애한 커플은 중간에 헤어지기도 하고 시간을 갖기도 하는데, 저희는 한 명이 여행 가거나 일 때문에 해외에 갔을 때 말고는 일주일 이상 떨어졌던 적이 거의 없으니까… 그냥 그렇게 쭉 10년을 같이 붙어 지냈어요.

꿈이 같아서 친한 친구처럼 지낼 수 있었던 것 아닐까요?

주영　그렇죠, 싸우기도 많이 싸우고.

세인　너무 잘 알아서 싸우는 부분도 물론 있어요. 그래도 직업이 같아서 좋았던 점이 훨씬 많아요. 둘이 또 비슷한 게 선을 지키면서 갈등을 풀기보다 깊숙한 부분을 끄집어내서 얘기로 푸는 스타일인 것 같아요.

주영　그래서 그런지 둘이 떨어져 있을 때 오히려 싸웠어요. 문자로 얘기하거나 통화를 하면 오해가 쉽게 쌓이는데, 얼굴 보고 얘기하면 또 금방 이해가 되어서 덜 싸우고…

~~~~~~

추천하고 싶은 사랑에 관한 희곡

『갈매기』, 안톤 체호프 지음, 강명수 옮김, 지만지드라마 펴냄

저마다 다른 얘기를 하고 처절할 정도로 존재를 드러내려 하는, 그래서 슬프고 웃긴 가장 인간다운 사랑 이야기.

『별무리』, 닉 페인 지음, 성수정 옮김, 알마 펴냄

이 순간 서로를 선택하지 않았을 때 벌어질 법한 평생 우주 같은 이야기. 끊임없는 선택, 그에 따른 새로운 이야기가 계속된다.

연극 <파란 나라>는 같이 출연하셨어요. 작품이 겹칠 때 곤란하지는 않으세요?

주영　보통 연인 사이인 배우들은 같은 작품에 들어가는 걸 그다지 좋아하지 않아요. 서로 예민해져서 싸우기도 쉽거든요. 근데 저희는 같이 작품 들어가면 좋은 게, 극에서는 완벽히 남남이 돼요. 이 친구는 배우 박세인, 저는 배우 권주영, 이렇게.

세인　맞아요. 그게 참 신기해요. 배우 박세인, 배우 권주영이라기보다 각자 그 캐릭터 속으로 들어간다고 해야 할까요? 연습하는 내내 깍쟁이 모범생으로 있다가, 마치고 주영을 보면 오랜만에 만난 것처럼 또 반가운 거죠.

주영　같이 공연할 때 오히려 좋았어요. 많이 안 싸우고. 둘 다 배우라서 싸우는 일도 물론 있어요. 개인적인 부분일 수도 있는데, 질투? 예를 들면 저는 쉬는데, 상대방은 바쁘다. 이러면 좀. 서로 지고 싶지 않은 부분인 거죠.

각자 작품에 들어가 장소나 시간이 분리되면요?

주영　연애할 때는 힘들었어요, 엄청. 지방 촬영에 있거나 하면 각자 장시간 떨어져서 지내니까 오해도 쌓이고, 연락 안 되면 의심도 하고요.

세인　단어 선택이 좀 그렇다! 의심이 아니라 오빠가 불안한 거지. 아닌가? 의심했어? 의심도 했나?

주영　의심하니까 불안한 거 아니야? 아무래도 배우는 상대와 스킨십을 해야 할 때도 있잖아요. 그러면 좀 예민해지죠. 관계가 위태로웠던 적이 있다면 아마 그 이유였을 거예요. 나만 그랬나?

세인　그래도 이제는 서로 잘 아니까. 무엇보다 촬영장이 어떻게 굴러가는지 눈에 빤히 보이잖아요. 만약 다른 업종이었다면 끝까지 이해 못 했을 거예요. 이제는 오히려 현장이 달라지면 "와~ 거기 가서 좋겠다!" 이렇게 되더라고요.

두 분 다 여행 좋아하시는데, 일정을 어떻게 맞출까 궁금했거든요.

세인　어렸을 때는 그게 참 힘들었어요. 지금이야 신혼여행도 한 달 반 '간다!' 이렇게 딱 정해서 다녀오는데, 그때는 프리랜서라서 그런지 내가 잠깐 자리를 비우면 일이 들어오지 않을까 싶고, 실제로도 머피의 법칙처럼 뭔가를 결정하면 그때 다른 일이 들어와요.

주영　맞아요, 여행 가기 이틀 전에 갑자기 촬영 잡히고…

세인　그때는 그것 때문에도 많이 싸웠어요. 이쪽은 "우리가 정한 일정인데, 갔다 와야지" 그러고 저는 "일이 날마다 들어오는 게 아닌데 하는 게 맞다" 이러고.

주영   그래서 저희는 이제 한 3개월 전에 비행기표를 사요. 환불 불가. 「기생충」 같은 작품 들어오는 거 아니면, 그냥 가는 거다! 무언의 약속처럼 돼버렸어요.

남들에게 보이는 직업이다 보니 두 분에게 여행의 의미가 좀 남다를 것 같아요.

주영   여행 가면 저희는 정말 자유로워지긴 해요. 아무래도 직업 특성상 남들에게 내가 어떤 사람으로 보일지, 그게 늘 압박감으로 다가오거든요. 내 외모, 내 목소리, 발음. 이런 게 주로 신경 쓰이는 부분이고요. 직업이랑도 좀 관련이 있을 것 같은데, 저희가 평생 계획이라는 게 없잖아요. 평생은커녕 10년 계획도 못 세우는 직업이니까. 보통은 1년 단위로 일정이 나오거든요. 상반기, 하반기 이런 식으로 나뉘어 공연이나 촬영이 잡혀요. 그래서 1년이 끝날 때쯤이면 어디론가 떠나고 싶어지긴 해요. 그게 '올해는 돈을 많이 못 벌었구나'이든 '올해 정말 바빴구나'이든 그 끝에서 자연스럽게 "이번에는 어디 갈까? 한번 털고 오자" 이렇게 되는 거예요. 그게 반복되었던 거죠.

세인   저희가 비교적 여행을 좋아하고 많이 가는 편이니까 신혼여행을 한 달 간다고 했을 때 엄마가 우스갯소리로 "이번 신혼여행 갔다 오면 한 5년간 여행 안 가도 되겠다?"라고 하더라고요. 근데 막상 여행을 이벤트처럼 생각하고 돈을 많이 쓰는, 그런 여행은 또 안 해봤거든요. 오히려 짐을 잔뜩 꾸려서 떠나고 거기서 많은 것들을 털고 오는, 그런 시간을 보내러 가는 거예요. 그래서 저희 여행의 오브제를 선택한다면 사실 배낭이에요.

주영   캐리어를 써본 적이 없어요. 일부러 그랬던 건 아닌데, 다니면서 고생스러워서 후회는 많이 했죠. (웃음)

두 분의 가장 긴 여행은 워킹홀리데이였죠? 정주하는 여행을 좋아하시는 건가요?

세인   호주 워킹 기간(1년여) 동안 보통 여행이랑 다르게 꽤 오래 둘러보고 다른 곳으로 넘어가긴 했죠. 근데 이것도 일이랑 연결돼요. 불안한 직업이라 슬프지만, 마음대로 쉴 수 있는 게 또 장점이라서 오래 머물 수 있었던 거라서. 그렇지 않아?

주영   그렇지. 여행을 길게 할 때는 둘 다 백수라는 얘기고, 그게 또 가능한 직업이라는 의미니까. 근데 저희한테 워킹홀리데이는 "이거 잘 갔다 오면 우리 결혼하는 거다?" 그런 의미도 있었어요.

세인   사실 훨씬 오래전, 연애 초반부터 워홀에는 관심이 있었는데, 한 명이 가고 싶을 때 다른 한 명은 아니고, 이런 상황이 몇 번 반복되다가 그때 마침 둘 다 생각이 맞았어요. 열심히 일을 찾아 나서지 않으면 일을 안 하기도 쉬운 직업이라 그런지 당시에는 둘 다 이 일을 완전히 벗어나고 싶다고 생각했거든요. 외국 생활에 대한 로망도 둘 다 있어서 걱정하면서 떠났어요. 연기 안 하고 여기서 눌러앉고 싶어지면 어쩌나, 근데 아니었어요. 둘 다 너무 한국에 오고 싶어서. 절대 외국 스타일 아니구나! (웃음)

아무래도 여행과 사는 건 또 다르죠?

주영 네, 진짜 힘들었어요. 호주 가서 거의 두 달 만에 깨달았어요. 아, 우리는 한국인이구나. 여기서 우리는 진짜 약한 동물일 뿐이구나.

세인 와… 어쩜 그렇게 힘들었을까?

주영 물론 1년을 버텼지만, 그 힘듦을 같이 견뎠기에 결혼할 수 있었던 것 같아요. 어떤 일이 있었냐면, 둘 다 일을 못 구해서 통장 잔고가 점점 줄어들잖아요. 가져간 돈 다 쓰고 30만 원만 남은 거예요. 일주일 동안 숙소에서 아무 대화를 할 수 없었어요. 그냥 멍하니 창문 보고 앉아서 담배 피우고. 이쪽은 뭐 하는지 모르겠는데, 계속 뭔가를 쓰고 있고. 그러다가 제가 설거지 일이 딱 구하면서 대화가 시작됐어요. 그 일주일이 가장 힘들었는데, 지금 생각하면 또 재밌는 순간이었어요.

세인 한국에서는 뭘 좀 못 하더라도 '이 정도 벽이면 이쪽에서 뛰어볼까? 이렇게 넘어볼까?' 생각할 수 있는데, 그때는 너무 두꺼운 벽이 앞에 있어서 아무리 부딪혀도 절대 깨지지 않을 듯한… 그런 기분이었어요. 여행에서는 우리가 똑같은 익명이어도 소비자가 되는데, 그때는 일을 잡아야 하니까 불안도, 낙담도 더 크게 느껴졌어요.

주영 그래서인지 호주가 저희 관계 성장에는 진짜 도움이 많이 됐죠.

다시 가도 좋을 로맨틱한 여행지
말레이시아 티오만섬
싱가포르에서 버스 타고 갈 수 있다. 아담한 섬에 몇 개의 해변이 있고, 어딜 가나 바다 풍경이 예쁘고 사랑스럽다. '고양이 섬'이라는 별칭이 어울릴 정도로 귀엽고 다양한 고양이를 만날 수 있다. 가는 길은 고생스러워도 절대 후회하지 않을 장소.

오래 같이 여행하면 몰랐던 모습도 알게 되고 그러지 않나요? 갈등도 있고요.

주영 음… 여행은 얘(세인)가 다 맞춰줘서요. 거의 제가 하고 싶은 대로 하고, 식당도 제가 가고 싶은 곳으로 골라요. 간혹 이 친구가 가고 싶다는 장소 얘기해주면 그걸 일정에 하나 넣는 정도? 그래서 여행할 때 거의 충돌이 없어요.

세인 근데 워낙 계획을 잘 짜요. 저는 여행 다니면서 주영이 새로운 걸 진짜 좋아하는구나 깨달았어요. 편의점에 신메뉴가 나오면 꼭 사 먹어봐야 하는 사람이 있잖아요. 저는 절대 안 먹거든요. 먹는 것만 먹거나 남들이 정말 맛있다고 했을 때 도전하거나. 그래서 같이 여행 가면 둘 다 아침에 나갔다가 밤에 들어올 정도로 계속 돌아다녀요. 걸으면서 새로운 거 보고 새로운 음식 맛보고… 저는 근데, 따라가는 거 좋아요. 계획 세우면서까지 머리를 쓰고 싶지 않아서…

10년 세월이니 여러 면에서 그때와 지금이 다르게 느껴지는 부분도 있겠어요.

주영 아! 처음 만났던 촬영장 뒤풀이에서 기억 나는 부분이 있어요. 지금은 중요하다고 생각하는데, 그때 저는 정치에 관심이 없었거든요. 근데 얘가 투표하라고 주변 사람들한테 강하게 얘기하더라고요. 망치에 한 방 맞은 기분이었어요. 아 얘 좀 멋있다. 똑똑해 보인다.

세인 스물둘이어서 그랬을지도 몰라. (웃음)

주영 근데 지금은 그냥 바보다? (웃음)

세인 단어 선택이 이렇게! '엉성하다'가 있잖아.

주영 똑똑하게 살려고 노력하는 모습이 저는 여전히 예뻐요. 그런 면에서 저한테 자극이 되고요. 책을 좋아하는 모습도 그렇고, 나도 나를 좀 들여다봐야겠다 마음먹게도 하고요. 저는 시간이나 관심이 늘 외부에 있었던 사람인데, 반대되는 모습을 보면서 적어도 시도는 해보죠.

세인 저는… 정말 오래 봤고 가장 순수했던 시절부터 저 사람이 바닥을 치는 모습까지 같이 겪고도 함께하기로 결심했으니까, 그렇게 자연스럽게 흘러왔던 것 자체가 사실 너무 감사해요. 이건 너무 로맨틱한 말이라 듣지 않았으면 좋겠지만? (웃음) 그 긴 시간을 같이 보낼 수 있어서 좋았다!

주영 관계가 쌓인다는 게 그런 것 같아요. 초반에는 서로 시간을 빼앗으려 집중하다가 오래 만날수록 서로에게 시간을 주기 시작하더라고요. 그러면서 더 믿음이 생기고, 그게 오래 만날 수 있었던 이유죠, 어떻게 보면.

관계 면에서 연인들에게 강조하고 싶은 태도는?

세인 저는 절대 안 잊으려고 하는 게, 제가 가장 많이 화내고 싸울 때는 결국 주영을 저랑 지나치게 동일시할 때더라고요. 이를테면 제가 화를 많이 낼 때 상대방은 이렇게 행동해야 하는데, 왜 그렇게 안 하지? 사실 주영은 타인이니까 저랑 생각이나 반응이 당연히 다른 건데.

주영 맞아요. 10년이 주는 시간의 힘은 분명하지만, 그래도 어떻게 제가 얘를 100퍼센트 알겠어요. 다만 취향 정도는 이제 아니까 좋아하는 거 하게 도와주고, 싫어하는 건 좀 피하고 배려하고… 결국 취향 존중? 그게 진짜 싸우지 않고 잘 지내는 1순위 비결이에요.

끝으로 앞으로 두 분이 꿈꾸는 삶의 지향이 궁금해요.

세인 와, 큰 질문이다.

주영 어렵네. 다르잖아, 우리는. 난 60살 되면 떠난다고 했고…

세인 여기는 60이 되면 졸혼하고 싶다고…

주영 아니, 무슨! 졸혼이라고 하면 어떡해!

세인   그거 아니야?

주영   아니, 20대 초반에 만나서 60까지 40년을 같이하면 서로 너무 고생한 거잖아요. 아무리 좋아서 만났지만, 그만큼 희생하는 부분이 있을 테고. 그러니까 그때는 조금 떨어져서 재미있는 삶을 살아보자, 이런 거였죠.

세인   사실 진지하게 생각해 보지 않았어요. 그럴 수 있겠다 싶은데, 막상 그때 되면 절대 그렇게 못 할 당사자이셔서. 한번 지켜보려고요. (웃음) 기본적으로 자유로운 삶을 지향하는 건 맞아요. 주영도 뭔가를 등지고 떠난다, 이렇다기보다 주체적인 감각을 원하는 거겠죠.

주영   저는 그게 가능하리라 봐요. '돈의 자유'라고 했을 때 첫 번째로 드는 생각은 돈이 많아서 생기는 자유잖아요. 근데 저희는 물론 현실적으로 힘들 때도 있지만, 오히려 돈이 없다는 걸 받아들이는 게 자유일 수 있다고 생각해요. 만약 그 사실을 거부하면 뭔가에 매여서 계속 돈을 벌려고 하겠죠? 다행히 둘 다 거기서 좀 자유로워지니까 그 안에서 무리하지 않는 방법을 찾게 되더라고요. 그래서 그냥 재밌게, 자유롭게. 좋아하는 것 많이 하고 싫어하는 걸 최대한 줄이면서 살자! 그게 우리 방향이지.

둘만의 문장	"저는 많이 보고 있어요."

세인 & 주영의 에필로그	**주영** 'POETRY' 기획으로 제안이 오고 인터뷰하면서 '바른생각'이 단순히 상품을 만드는 게 아니라 문화를 만들어 가는 중이구나 싶었어요. 사업을 막 시작한 사람으로서 많이 배웠습니다.
	세인 광고로 바른생각을 접할 때도 트렌드가 뚜렷하다는 느낌이 있었는데, 이번 기회로 '아, 이렇게 스토리나 서사에 집중하고 있구나' 하는 생각이 들어서 무척 반가웠어요.

여행의 물건	**수면제** 여행은 좋아하지만 비행기 타기 두려운 주영을 위해
	책 혼자만의 정리 시간이 필요한 세인의 물건
	룸 스프레이 냄새에 민감한 두 사람의 필수품
	카메라 둘 다 사진 찍는 걸 좋아하니 가벼운 것으로 하나씩
	배낭 10년 세월을 함께한 애정 어린 배낭 두 개

박세인 · 권주영

Yujin Kim &
Wooju Seok

나, 집에 갈래

"넌 어떻게 보면 되게 예쁜데
또 어떻게 보면 진짜 예쁘다."
— 하상욱의 시집 『시 밤』 중에서…

김유진 유튜버, 인플루언서 @sarah_x_life
석우주 회사원, 유튜버 @seokwooju
우유커플 유튜브 @milk_couple

즐거운 데이트에 나선 커플. 설레는 마음으로 몇 발짝 뗐을 뿐인데, 투닥거림이 시작된다. 길을 헤매는 듯한 두 사람. 누군가 이내, "자기가 알아봤어야지!" 한다. 토라진 여자친구. "나 집에 갈래!" 결국 나올 것이 나오고야 말았다. 당황한 남자 친구. 그냥 번쩍 안아 여자 친구를 들어 올린다. 그러자 여자친구는 배시시 웃어버린다. 누구나 한 번쯤 데이트에서 겪는 티격태격 사랑싸움. 우유커플의 찐 연애 일상을 그대로 담은 유튜브 쇼츠 내용 중 하나다. 공감 지수 만점. 아, 우리도 그랬지. 깔깔 웃어버리고 말았다. 3년간의 연애 동안, 늘 함께였다는 우유커플과의 만남도 그랬다. 서로가 있는 곳이 마치 집처럼 가장 편하고 든든한 세상. 그래서 인플루언서가 집돌이 집순이를 자처하는 반전. 인터뷰 내내 동갑내기의 티격태격 사랑이 유쾌했다.

티격태격, 동갑내기 커플의
찐 연애 바이브

유튜브 우유커플 채널에 올리신 영상을 보며, 왠지 친한 친구에서 연인으로 발전했나 싶었어요. 커플 일상이 친구 같은 느낌이더라고요. 그런데 인스타에서 처음 만났다면서요?

우주 맞아요. 사실 처음 인스타에서 유진이를 알았을 때 유진이가 다른 사람이랑 사귀고 있었거든요. (웃음) 그냥 너무 예쁘게 잘 만나는 커플이다 싶었죠. 그러다가 취업을 준비하면서 인스타를 지웠고, 취업 후 다시 인스타를 깔았어요. 이제 커플이 아니더라고요. 자기 일상 사진을 많이 올렸는데 되게 발랄한 모습이 예뻐 보였어요.

유진 아 그랬었지. 헤어졌는지 안 헤어졌는지 본 거야? (웃음)

우주 아니, 아냐 거기까진 아니었어. 아, 다시 만남 스토리로 돌아가서요. 그때 이미 유진이는 팔로워가 몇 만명인 인플루언서이기도 했고 저는 그냥 일반인이었죠. 그런 사람과 감히 만날 생각이라뇨.

유진 근데 DM을 보냈잖아.

우주 맞아요. 그냥 DM을 보내 봤어요 제가. "누나, 예뻐요" 하고. 누나인 줄 알았어요. 원래 예쁘면 그냥 누나잖아요? (웃음) 답도 전혀 기대 안 했죠. 그런데 유진이한테 "감사합니다" 하고 답이 왔어요. 첨엔 만날 생각도 못했죠.

유진 에? 답장 오던데? 왜. (웃음)

기대도 안 했는데 진짜로 만난 거잖아요. 누가 먼저 만나자고 했어요?

우주 답장을 받고 너무 신기해서 DM으로 얘기를 주고 받다가 한 번 만나게 됐어요. 제가 부산에서 대구로 취업을 하다 보니, 가까이에 있어 만날 기회가 됐어요. 만나서 이런저런 얘기를 하고 몇 번 더 만나게 된 거고요.

유진 얘가 사실, 예전에 제 눈도 못 마주쳤거든요? (웃음)

우주 음, 사실 그랬죠. 너무 신기하잖아요? 제 입장에서는. 마치 연예인을 만난다는, 팬미팅 같은 느낌이었어요. 그렇게 계속 연락하고 만나보니 실제 사람도 좋았고요.

유진 님은 어땠어요? 이렇게 관계가 발전하리라 생각했어요?

유진 음, 그때 그냥 잘생겨가지고요! 그래서 좋았어요. 그런데 당시 우주 프사가 박서준 사진이었어요. 프사에 작게 해놨더라고요. 크게 안보이니까, 제가 헷갈렸죠.

우주 그게 아니라요. 우연치 않게 박서준 팬이기도 하고 보통 연예인들 사진을 프사로 해 놓기도 하지 않나요?

유진 난 한 번도 안 해봤는데? 그래서 사실 저는 상상도 못했죠. 진짜 본인의 사진이 아닐 줄.

우주 아니, 내 피드에 내 사진 있었잖아?

유진 있긴 했지. 그런데 진짜 얼굴 사진이 거의 없었거든요.

우주 아니 그런데 제가 사기를 쳤다는 둥…

유진 아 또, 피드에 강아지 사진도 있는 거예요. 그래서 강아지 키우는지도 물어봤거든요. 그런데 내 참. 박서준 강아지라는 거예요. 그러면서 프사의 실체에 대해 알게 됐죠. 그 때부터 제가 뒤져보면서 얘 얼굴 사진을 찾기 시작했죠. (웃음) 잘생겼더라고요.

처음 알게 된 스토리가 너무 재밌는데요. 진짜 만났을 때는 서로 기대만큼 마음에 들었어요?

우주 너무 예뻐서 깜짝 놀랐어요. 거기다 아우라가 있었어요. 저는 딱 보자마자 그냥 좋았어요.

유진 코로나 때였는데 마스크를 쓰고 처음 보잖아요. 혹시, 사기꾼일까 싶기도 했지만 (웃음) 마스크를 벗으니까, 완전 제 이상형인 거예요. 제가 좀 댕댕이 같은 스타일을 좋아하거든요. 착하게 생기고. 지금도 그렇지만 멍멍, 완전 귀여워요. 말티즈 닮지 않았어요? 게다가 제가 MBTI 파워 E 성향이거든요. 그래서 말이 많아요. 그런데도 잘 들어주고 매너도 좋고. 맘에 들었죠.

그래서, 채널에서 댕댕이라고 우주 님을 부르는 거군요. 그 만남이 하루로 그치지 않았네요.

유진 코로나로 그때 10시면 술집이 문을 닫았어요. 빠듯하게 만난 데다, 제가 그날 친구랑 10시 반에 집에서 만나기로 했는데, 우주가 갑자기 따라오고 싶어하는 거예요. 만난 첫날예요!

우주 아니야, 아니야, 그런 의도는 아니었어요. 그냥 데려다 주려고 했지.

유진 같이 술 먹고 싶다고 했잖아?

우주 음, 그런 기억이 없어요. (웃음) 정말이야.

유진 뭐, 그날부터 거의 매일 붙어있는 것 같아요. 지금까지요.

그렇게 만난 후 곧 동거를 시작했다면서요. 속전속결이네요.

유진 계속 보고싶다고 하고, 저도 맨날 같이 있고 싶고 그래서요. 우주 회사가 대구 근처 경산에 있는데 한 시간쯤 걸려요 여기서. 왔다 갔다 하다가 안 되겠다 싶었어요. 그냥 제가 살던 집에 짐을 싸와서 같이 살게 됐어요. 우주랑 같이 살겠다고 엄마한테도 선언했고요. 처음엔 엄마도 반대했지만 전혀 그러지 않던 딸이 계속 고집을 피우니까 허락하셨죠. 만난 지 일주일 만에 우주를 소개시키고요. 엄마도 만나보고는 엄청 예뻐했고, 우주도 참 잘하기도 하고요.

만난 지 일주일 만에 동거를 결심했다고요? 확신이랄까, 용기랄까. 대단한데요.

우주 동거도 그렇지만 사귄 지 얼마 안 돼서 결혼도 하자 그랬죠. 근데 유진이가 현실적인 편이에요. 결혼 얘기가 나오니까 얼마 버는지 물어보더라고요. 살 집도 같이 궁리해 보고 그래야 하니까 필요하죠. 이런저런 생각도 나누고 또 마음이 잘 맞아서 이렇게 동거도 하고, 만난 지 3년이네요. 곧 결혼도 해요. 생각해보면 아까 유진이가 제가 잘 들어줘서 좋다고 얘기한 것처럼, 제가 처음 눈도 못 마주치고 어버버하는데, 유진이가 자기 일 얘기, 생활 얘기를 많이 해주면서 제 긴장을 풀어주려고 많이 배려해 줬어요. 그게 고마웠고, 어쩌면 확신을 줬어요. 누군가 생각하기엔 뭐 이렇게 빨리 동거를 할 수 있냐 그럴 텐데, 만나자마자 느낌이 너무 좋으니까요!

유진 참. 그런데 아직 프로포즈도 못 받았어요! 결혼도 망설이는 걸 제가 멱살 잡고 끌고 왔죠. (웃음) 동거에서 결혼으로 스케일이 커지니까 좀 겁이 났나 봐요. 그래서, 너 나랑 살

기 싫으니? 그랬죠.

우주   (못들은 척) 하여튼 그랬습니다. 저희는.

막상 같이 살아보니 어땠어요? 서로 매일 붙어있으니 서로 좋은 의미든 나쁜 의미든 반전도 있고, 갈등도 생기고 그렇지 않았어요?

유진   저희는 MBTI를 엄청 중요하게 생각해요. 우주가 INFP이고 저는 ESTP 거든요. 이런 식이에요. 우주는 감성적인 편이라 로맨스 영화를 좋아하는데 저는 현실적인 편이고 스릴러나 공포를 좋아한다든지. 또 단순히 생활 습관에서는 우주는 정리 정돈이 중요한 편인데, 저는 위생이 중요하죠. 제가 벗어 놓은 옷가지 허물?을 정리하는 건 우주 몫. 화장실 청소는 또 제 몫이죠. 서로서로 장점도 있지만 또 단점도 있는 거죠. 그래서 큰 갈등은 없는 것 같아요. 잔소리나 터치를 서로 심하게 하진 않아요. 이해하려고 노력하죠.

우주   진짜 성향은 달라요. 저는 신발을 하나 사러 가면 이게 지금 나에게 잘 어울릴까, 집에 있는 어떤 옷과 잘 어울릴까 고민하고, 엄청 신중해요. 그런데 유진이는 실행력이 남달라요. 오늘 마이크가 필요하면 당장 사러 가요. 마트 가서 없으면 오늘 바로 당근마켓에서 찾아내요.

유진   그래서 로켓배송을 제일 좋아해요. 어떻게 보면 달라서 잘 맞는 것도 있어요. 서로 보완이 되니까요. 그런 성향을 서로 잘 아니까 갈등이 있어도 서로 예민한 부분에 대해서는 조심해요. 웃어 넘길 때도 많고요. 싸워도 하루도 안 간다니까요.

우주   고마운 건 그런 점이에요. 만약에 제가 운동을 갔다 일하고 와서 저녁 8시가 됐는데 그때 또 축구를 하러 나가도 뭐라고 하지 않아요. 그냥 다 이해해주죠. 처음에는 조금이라도 함께 있고 싶으니까 일주일에 한 번만 축구를 하는 것으로 약속했어요. 물론 운동인데 뭐 어때 하는 생각도 들긴 했었지만, 막상 얘기를 들어보니 제가 막 다치고 오니까 걱정되는 마음이 있었더라고요.

그럼에도 가끔 혼자만의 공간이 필요하구나, 하는 생각은 안 들어요? 왜 흔히들 말하는 것처럼 동굴에 들어가고 싶다거나.

우주   그런 생각이 들 때도 있었어요. 그런데 얼마 전 유진이랑 유진이 어머니가 제주도 여행을 갔었어요. 혼자 있는 시간이 자유로울 것 같았지만 너무 재미가 없더라고요. 이제는 제 개인적인 삶이나 공간보다는 유진이랑 함께하는 게 익숙해졌나 봐요.

유진　그리고 저희는 유튜브 콘텐츠를 함께 만들잖아요. 계속 찍어야 하니까 대화도 많이 하게 되고, 함께 있어야만 하는 시간이 많아요. 장점이기도 해요.

우주　같이 일하는 거죠. 주말에도. (웃음)

그런데, MBTI가 I성향인 우주 님에게 유튜브 출연은 좀 힘들지 않았어요? 유진 님이 어떻게 동기부여를 한 건가요?

우주　성향상 엄청 힘들었어요 처음에는. 커플 채널이긴 하지만 유진이가 운영과 편집을 다 책임지고 있거든요.

유진　할 말이 많나 보네? (웃음)

우주　사실 우리가 어차피 수익이든 뭐든 각자 일하는 몫을 합해서 나중에 목돈을 모아 뭔가를 함께 할 때 쓰겠지만, 결국 각자 모으는 그런 보람이 있잖아요. 유튜브 수익은 유진이가 다 가지고 전 출연만 하겠다고 했어요. 어떨 때는 퇴근하고 와서 콘텐츠를 만들자고 하면 피곤하기도 하죠. 짧은 시간 안에 콘티도 짜내야 하고. 그렇지만 유진이 입장에서는 콘텐츠를 계속 올려야 하니까요. 아는데, 제가 티를 내더라고요.

유진　저는 어쩔 수 없어 그러는 건데 그렇게 티가 나면 저도 좀 속상하죠. 커플 채널인데 혼자 나올 수도 없고요. 그래서 결론을 냈어요. 이제라도 수익의 일부를 주겠다! 그러니까 좀 더 열심히 하는 것도 같고요? 그런데 역시 하고 싶어서 자발적으로 하는 콘텐츠가 더 재밌고 예쁘게 나와요.

유진 님 현명하시네요. (웃음) 어쨌든, 커플 채널이 무척 인기예요. 이제 구독자가 15만이 훌쩍 넘었어요. 정말 현실 커플이 공감할 만한 에피소드만 콕 뽑아 담았던데요? 티격태격. 알콩달콩.

유진　구독자 님들은 알콩달콩보다 티격태격을 더 좋아하세요. 조회수가 더 높아요. 알콩달콩 콘텐츠가 올라가면 우유커플답지 않다는 댓글도 많이 달려요. (웃음) 어떤 커플이든 한 번씩 겪은 것들을 담아요. 때로는 남자 입장에서, 또 때로는 여자 입장에서 공감할 수 있는 것들이 있는 것 같아요. 저희 일상을 100퍼센트 그대로 담아요.

우주　커플 간에 민망하지만 적나라한 생리 현상 같은 것들도 담고, 성적인 부분에서도 당당하게 오픈하면서 정말 리얼하게 담으려고 해요. 가장 인기 많았던 콘텐츠는 '나 집에 갈래'였어요. 여자친구가 삐진 상황에서 흔히들 '나 집에 갈래' 하잖아요. 한편으로 그게

남자친구가 힘든 포인트이기도 하고요. 그게 공감이 많이 됐나 봐요. 브이로그를 촬영하다가 편집해서 쇼츠를 올리기도 하거든요. 물론, 연기를 살짝 섞을 때도 있어요. 전 아직도 좀 어색하지만. 계속 노력을 하다 보니 연기도 능숙해지는 것 같고요.

유진 우주가 처음에는 완전 뚝뚝거렸어요. 근데 은근히 관심 받는 걸 좋아하더라고요. 가끔 알아봐 주시는 분이나, 잘생겼다고 하시는 구독자 분들도 계세요. 저도 그렇지만 우주도 기분이 좋죠. 그래서 저희가 더 열심히 하는 것 같아요.

구독자들의 반응 중 기억에 남는 게 있다면요? 우주 님과 유진 님의 실제 연애담이라, 댓글이 더 신경 쓰일 것 같아요.

우주 주 구독자층이 10대 후반에서 20대 초반이에요. 그런데 가끔 저희 커플을 보고 이런 연애 해보고 싶다는 댓글을 달아 주시는 경우가 있어요. 제일 기억에 남죠. 그냥 우리가 밥 먹고, 투닥거리고, 사랑하는 거. 좀 재미 있게 살고 있는 이야기를 짧게 올리는 건데도 조회수가 높고 이런 댓글까지 달릴 때는 뿌듯해요.

유진 맞아요. 우리의 평범한 일상을 올렸는데, 그걸 보고 우리처럼 해보고 싶다는 게. 유튜브를 하는 보람이기도 해요. 가끔 연애 상담도 해드리고요.

19금 Q&A처럼 성적인 부분에 대해 이야기하는 것도 거리낌이 없더라고요. 건강한 연애구나 싶었어요.

유진 저는 뭐, 원래 남들이 어떻게 생각하느냐가 별로 중요하지 않거든요.

우주 저도 유진이의 당당함을 닮아야겠다는 생각도 들어요. 저는 때로 자기 검열을 할 때도 있거든요. 아무래도 사회생활도 하니까. 그래도 사실 눈치 볼 일은 아니죠.

그럼에도 성향이 다른 두 분이 같은 채널 콘텐츠를 만드는 건 쉽진 않을 거 같긴 해요. 서로 일을 같이 하는 거잖아요. 커플끼리 일 하는 거 아니라는 말도 있잖아요.

우주 어색했던 제가 유진이의 세계에 좀 익숙해진 것처럼 함께하면서 서로 융화되는 것 같아요. 유진이는 감성적으로 바뀌고 저는 좀 현실적으로 바뀌고요.

유진 맞아요. 저는 아무래도 ESTP라 보니 원래 리액션도 없고. 그런데 이제 우주의 감성에 좀 공감하게 됐어요. 차분해지고요. 왜 요즘 공감능력을 테스트해보는 질문이 한 가

지 있잖아요. "나 우울해서 빵샀어." 우주는 "왜 무슨 일이야?" 하고 묻지만 저는 "무슨 빵 샀어?" 하고 물었어요. 그런 거 보면 아직까지 성향이 다 바뀐 거 같진 않지만. (웃음)

우주 아우, 그뿐만이 아니었어요. "오늘 상사한테 혼났어, 보고서를 잘 못 써서"라고 했 더니 유진이가 "보고서를 어떻게 썼길래?" 하면서 고쳐주려고 하더라고요. 그래도 요즘은 공감하려고 해요. 속상했겠다 하고 말해줘요. 그런데 살짝 연기라는 게 티가 나요. (웃음)

유진 며칠 동안 우주가 스트레스 받을 생각을 하니까, 속상하기도 하고. 위로도 되고 싶 고요. 물론 아직까지 가끔씩 이성적인 성향이 툭툭 튀어나오긴 하지만, 꾹꾹 누르고 상냥 하게 공감해 주려고 해요. 또 반대로 저는 우주에게 사회생활을 많이 배웠어요. 우주는 말 한마디도 예쁘게 하거든요. 제게 사회생활 잘 못한다고 지적하긴 했지만, 그런 게 필요한 것 같아요. 우주를 보면서 깨닫게 됐어요.

우주 아니, 못하는 건 아닌데 그런 상냥함을 덧붙이면 좋겠다는 거지. (곤란)

곧 결혼을 앞두고 있는데, 유진 님과 우주 님은 커플로서 어떤 부분은 서로 꼭 지 켜나가고 싶으세요? 앞으로도 죽. 관계에 있어서 가치관이라고 할까요?

유진 저는 서로 여성성과 남성성 둘 다 잃지 않았으면 좋겠어요. 결국 커플 관계에서 설 렘이 중요하니까요. 계속 노력을 해야 할 것 같아요. 저희는 거의 매일 붙어 있다가 동거를 하고, 이제 결혼을 하는 거잖아요. 그래서 서로 떨어져 있다고 막 보고 싶어하고 그런 애틋 함보다는 편안한 연애를 오래 해왔죠. 그러다 보니, 설렘을 잃지 않아야겠다 싶어요.

우주 그래, 설렐 수 있도록 하자! 나도 옷을 그만 훌렁 벗고 다닐게. (웃음)

유진 또 처음 사귈 때와 지금 마음가짐이 달라진 점이 있는데, 상대방을 고치려고 하기 전에 내 사랑하는 사람의 모습이니까 그대로 사랑해 보는 노력은 해야 할 것 같아요. 안 맞 는 부분에 있어서 아직까지는 욱하는 게 있긴 하지만 실행을 잘 해보려고요.

참, 오늘 바디프로필 촬영을 간다고요. 우주 님 유진 님 모두 운동에 진심이더라고 요. 이것도 설렘을 유지하는 하나의 방법인 듯 싶어요.

유진 그럴 수 있어요. 저는 항상 서로 안심하면 안 된다고 생각하거든요. 서로 배울 점 이 있어야 하고요. 저는 항상 쟤는 왜 저렇게 게으르고 한심하지, 하는 생각이 드는 순간, 매력이 훅 떨어져요. 연인뿐 아니라 배우자의 태도를 고민해봐도 마찬가지예요. 일을 열 심히 하는 것, 성취해 나가는 것도 각자 보여주면서 거기서 또 서로가 배우는 게 있었으면

좋겠어요.

우주 　원래 저는 축구 같은 야외 운동을 좋아했지만 유진이 영향을 받아서 기구로 하는 헬스에도 재미를 느끼고 있어요. 같이 하다 보니 자연스럽게 몸 만드는 것도 성취감이 들고요. 같이 취미를 즐기면서 맞춰가는 것도 너무 좋은 일이구나 싶어요.

유진 　함께할 수 있는 게 너무 괜찮죠.

우유커플이 건강한 사랑을 유지하는 비결

함께 하는 운동　다소 뻔한 답일 수 있지만, 이들은 서로에 대한 긴장과 설렘을 유지하기 위해 함께 운동을 한다. 무언가를 함께하는 즐거움은 당연히 따라오는 데다 같이 한 목표를 이루자는 동기부여도 된다. 특히 추천하는 건 점점 예쁘고 멋있어지는 몸을 사진으로 기록하는 일. 좋은 추억을 만들 수 있는 건 물론, 서로의 리즈 시절인 바로 지금을 함께 공유할 수 있다. 이들처럼 커플 바디프로필 사진에도 도전해 보는 건 어떨까? 일상의 활력은 덤이다.

여행보다는 집에 있는 것을 좋아한다고 들었어요. 의외인데요? 집으로 떠나는 여행인가요?

유진 집에 있는 걸 좋아해요. 우주랑 온전히 함께 있는 공간이기도 하고요. 낯선 곳을 별로 좋아하지 않거든요. 불편해요. 좀 겁도 나고요. 중학교 때 중국에서 공부를 해서, 익숙한 중국 이외에는 외국도 잘 안 나가요.

우주 유진이가 보이는 것과 이미지가 좀 다르죠?

아니, 그런데 인스타로 연락한 낯선 남자와 연애를요?

유진 뭐 다시 말하지만, 잘생겼으니까요. (웃음)

우주 그래도 최근엔 함께 오사카에 함께 다녀왔어요. 그전에 국내 여행도 몇 번 갔었고요.

유진 이번 오사카 여행은 좀 남다르긴 했어요. 좋았어요. 낯선데도, 든든한 사람이 한 명 있으니까 참 좋더라고요. 그래서 우주에게 앞으로 여행을 자주 가자고 했어요.

자주 여행을 가지 않아도, 커플만의 여행 스타일은 있을 텐데요. 이번 오사카 여행에서도 서로 발견한 스타일이 있을 것 같아요.

유진 먹방을 찍으러 다니죠.

우주 맞아요. 맛집 찾아다니는 걸 좋아해요. 여러 군데를 보기 위해 돌아다니며 관광하기보다는. 맛집에 갔다가 소화를 시켜야 하니까 돌아다니는 거죠. 또 먹어야 하니까요. (웃음)

유진 저도 한때 여행은 이것저것 모든 것을 봐야 한다고 생각을 했었던 것 같아요. 그런데 너무 몸이 피곤한 일이잖아요. 여행을 왔는데 이게 과연 쉬는 건가? 싶더라고요. 그래서 좀 쉬면서 꼭 하고 싶었던 것을 하는 게 더 기억에 남는 것 같아요. 그래서 쉬는 것도 여행의 중요한 부분이다. 요즘은 그렇게 생각해요.

가장 기억에 남는 여행은요?

우주 단 둘이 갔던 것보다 가족끼리 함께 갔던 여행이 좋았어요. 유진이네도 저희 집도 가족끼리 무척 화목하거든요. 우리 가족과 함께하는 여행에 유진이가 갔을 때, 유진이네 가족 여행에 제가 함께 갔을 때, 둘 다 비슷한 점을 느꼈던 것 같아요. 부모님 사이가 좋으신 것도, 가족들 사이가 단단한 것도요. 또 서로 상대방의 부모님을 잘 챙기려고 노력하는 모습이 좋았어요. 그런 모습들을 공유할 수 있어서 너무 즐겁고 기억에 남는 여행이었어요.

유진   사실 서로 가족 여행에 함께한다는 것이 너무 좋기도 하지만 어떻게 안 불편하겠어요. 그래도 함께 노력하는 거죠. 지나고 나서 보니, 그 여행들이 너무 의미 있었던 것 같아요. 결혼하고 나서도 계속 좋을 것 같다는 느낌이 들어요.

앞으로 우유커플의 어떤 모습을 만날 수 있을까요? 20년 후에도 티격태격하면서 유쾌한 커플이겠죠?

유진   맞아요. 이렇게 계속 티격태격하면서 편하게. 이게 제일 좋은 것 같아요. 손도 계속 잡고 다니고요.

우주   지금보다 더 서로 의지할 수 있는 사이가 될 거예요. 서로를 배려해주는 모습으로 계속 나아갔으면 좋겠어요.

유진   그래! 좋아! (웃음)

우주   나도. 물론!

둘만의 문장	" 너 는 나 의 고 객 님 "

우주 & 유진의 에필로그	**우주**	바른생각은 저희도 직접 제품을 사용할 만큼 친근한 브랜드예요. 성적인 이미지가 강했던 것도 사실이고요. 그런데 이런 커플 인터뷰가 새롭네요. 진지한 것 같아요. 그런 브랜드의 모습이 제품에 더 좋은 영향을 미칠 것 같아 더 기대가 돼요!
	유진	저도 이전에는 제품을 만드는 브랜드로만 생각했는데, 이제 바른생각의 다른 면도 생각날 것 같아요. 커플들의 사랑이라는 테마로 만드는 매거진에 우리 이야기가 나온다고 해서 기분도 좋네요. 취지를 듣고 제품에 건강한 사랑의 이미지도 연결되어서 앞으로 쭉 제품에 대해서도 관심이 갈 것 같아요.

여행의 물건	**바른생각 젤** 여행의 로맨틱함을 채워줄
	이어플러그 소리에 예민한 귀를 위해 여행에서는 잠시 음소거
	베개 낯선 여행지에서 꿀잠을 위해

Soyeoung Jin &
Donghwan Lee

당당하고, 다정하고, 거만한 친구,

황공하게도

내 옆에 앉아

영롱한 눈으로 찬란히 웃어 준다

금색 눈이여, 나는 그 황금빛 페이지에서

사랑의 빛나는 보상을 읽는다

― 앨저넌 찰스 스윈번의 시 「고양이에게」 중에서…

진소영 여행 인플루언서 @from___jin
이동환 회사원 @from___lee

새초롬한 고양이 한 마리에 마음을 빼앗긴 한 남자. 남자의 눈빛에서 아름다움과 보송보송함, 사랑이 흘러나오는 동안, 고양이는 장난도 치고 깜찍하게 안겨 있기도 하고, 나른한 듯 기지개도 켠다. 따뜻하고 포근한 관계, 웃어주는 사이, 하지만 서로를 묶거나 규정하지 않고 적당한 거리를 유지하며 함께 걷는 사이. 여행 인플루언서 진소영과 남편 이동환은 한 마리의 고양이와 집사 같다. 몇 마디 말로 섣불리 관계를 정의할 수 없지만, 서로를 신뢰하고 서로에게 기꺼이 옆자리를 내준다. 둘만이 알아들을 수 있는 언어로 사랑을 나눈다. 고양이와 사랑에 빠져본 적 있는 사람만이 이 느낌을 이해할 수 있으려나?

거창한 목표보다
오늘을 가장 행복하게!

시간 내주셔서 감사해요. '인플루언서'라고 하면 무지 바쁠 것 같은 느낌이에요.

소영 그렇지는 않아요. 온·오프가 좀 명확하다고 해야 할까요? 출장 갔을 때는 일을 하고, 돌아왔을 때는 온전히 쉬는 편이에요. 그래야 또 다음 여행을 할 수 있거든요.

동환 저는 좀 출장이 많은 회사에 다니고 있거든요. 짧으면 2주, 길면 한 달 정도 일정으로 나가는데, 다녀오면 평일에 대체 휴가를 쓸 수 있어요. 소영이보다 여유가 있죠, 그래서.

소영 여행 인플루언서는 출장 다녀왔다고 끝이 아니라 그 이후에 사실 더 많은 일을 하거든요. 편집도 해야 하고, 글도 써야 하고. 어쨌든 정리해서 올려야 되니까. 그래서 일을 할수록 '회복의 시간'이 정말 필요하구나, 그런 걸 느껴요. 웬만해서는 연달아 출장을 안 잡으려고 해요. 그래도 시즌이라는 걸 무시할 수는 없어서, 그럴 때는 약간 폐인처럼 바쁘게 살아요.

여행이 일이면 다니실 때 짐도 많겠어요.

소영 처음에는 정말 미니멀하게 챙겨 갔는데, 점점 늘더라고요. 초반에는 '이 옷 입고 저기 가서 찍고, 그다음에는 저 옷을 입어야지' 이런 식으로 계획을 나름 짰는데, 이제는 날씨가 어떨지도 모르고, 내 컨디션도 때마다 달라지니까 '아, 일단 다 가져가!' 이렇게 되는 거예요.

동환 옆에서 보면 좀 짠해요. 이 조그마한 몸으로 엄청나게 크고 무거운 짐을 이고 메고 다니는 게. 그래서 옆에서 "컴퓨터 이거 가져가도 안 쓸 텐데, 놓고 가. 그냥 아이패드만 챙겨." 이렇게 말은 하는데, 또 본인은 어떻게 될지 모른다고 다 가져가요. 무슨 보부상처럼. 다른 사람들한테 여행은 휴식인데, 얘는 그게 너무 일이 되어버려서…

혼자는 절대 못 가시겠네요?

소영　이제 혼자 가죠. 그게 완전 습관이 되어서. 그냥, 무거울 뿐이에요. 3박 4일 여행 갈 때 옷을 열 벌, 스무 벌 넘게 챙겨 갈 때도 있거든요. 모자도 다양한 스타일로 챙기고. 비슷한 일을 하는 친구들이 같이 갈 때는 좀 편해요. 출장도 같이 가고, 사진도 서로 찍어주고.

동환　근데 긴 출장을 다녀오면 항상 좀 힘들어해요. "너무 힘들어." "아무것도 안 할래." 이러면서 시체처럼 누워 있고. 다녀오면 또 영상이나 사진 편집, 보정 작업 이런 게 있는데, 정말 바쁠 때는 그러는 도중에 또 다른 여행지를 가야 해요. 그래서 저는 얘 뒷모습이 뭔가 항상 짠해요.

소영　그래서 제가 출장 다녀오면 짐 정리, 안마, 밥 이런 거는 다 남편이 해요. 거의 잡무의 신이에요, 저희 집에서. (웃음)

편집 업무 도와줄 수도 있지 않아요?

소영　아, 그거는 안 돼요.

동환　(웃음) 네, 그거는 뭐랄까, 갬성이 너무 달라서. 제가 해주고 싶어도.

소영　네, 그건 제가 거절이에요. 여기는 살짝 아재 감성이거든요. 시킬 수가 없어요.

동환　처음에는 몰랐어요. 제가 했을 때 "아~ 좋네!" 이렇게 말했는데, 나중에 보면 그건 절대 안 쓰더라고요. (웃음)

소영　진짜 별로일 때는 말해요. "아저씨 같아."

연애를 10년 하셨어요. 소영 님이 인플루언서로 활동하시는 동안, 동환 님은 취업에 전념하셨던 거예요?

동환　저는 남들보다 취업을 좀 빨리 한 편이에요. 그래서 회사를 쭉 다녔어요.

소영　제가 느낄 때 얘는 뭐 해야 할 게 있으면 엄청 예민해요. 그래서 취업 준비 기간이 짧다면 짧았는데, 그때 진짜 짜증날 정도로 예민했거든요? 무슨 남들 다하는 취업 준비를 저렇게 요란하게 하지? 그런 생각.

동환　짧은 시간 안에 다 해야 하니까 그렇지. 저는 대학 때 중국 유학을 다녀왔어요. 그러면 뭔가 자격증을 따야 하는 거예요. 중국어 능력 평가하는 시험, HSK(한어수평고시)라고 있는데, 그때 목표였죠. 최고가 6급인데, 무조건 이걸 빨리 따자! 그래서 그 기간에 정말 친구도 안 만나고 3개월 동안 아침부터 밤까지 공부만 했어요. 그때 좀 예민했고.

소영　저는 사실 지금까지 취업 준비를 해본 적이 없거든요. 나는 무조건 '내 일을 한다' 그렇게 생각해서. 근데 이 친구는 편한 사람한테 좀 틱틱거리는 게 있어요. 다른 사람들은 못 느낄 수도 있는데, 저는 그 부분이 너무 크게 다가오는 거예요. 기간이 짧아서 천만다행이었죠.

왜 그렇게 빨리 취업하고 싶으셨어요?

동환　빨리 결혼하고 싶어서요. 저는 안정감을 되게 중시하거든요.

소영　서울깍쟁이라서 그래요. 제 동생이 이 친구랑 좀 비슷한데, 저처럼 불안정한 직업을 갖고 스트레스 받으면서 살고 싶지 않대요. 인플루언서, 그거 하나도 안 부럽다고. (웃음) 그래서 둘 다 회사 열심히 다니고 있죠.

동환　소영이가 대학 졸업하고 서울 올라오고 얼마 안 되어서 처제도 같이 왔어요. 둘이 강북에서 오래 살다가 저희가 신혼집을 강동구에 얻으면서 이쪽으로 이사 왔어요. 처제 이직한 회사랑 가깝기도 하고요.

말 나온 김에 소영 님이 그동안 했던 일 좀 들어볼 수 있을까요?

소영　일 진짜 많이 했어요. 제가 교직 자격증이 있어서 애들을 가르칠 수 있어요. 그래서 서울 오기 전에 고등학교에서 두 달 정도 기간제 교사로 일했거든요. 그 경험으로 올라와서 애들을 1년 반쯤 가르쳤어요. 공부방 같은 개념으로. 그리고. 화장품 택배 포장도 했고, 영화관에서도 일했고. 팔찌나 캔들 같은 거 만들어서 플리마켓도 나가고, 블로그도 꾸준히 하면서 선글라스·홍차·신발 이런 거 공구도 하고, 신제품 프로모터. 각종 일용직을 해봤어요.

동환　아, 잊고 있었네요. 그런 시절이 있었다는 걸. 저희가 영화관에서 알바하다가 만났거든요.

소영　네, 맞아요. 당시에는 일하는 시간이 겹친 적이 별로 없어서 얼굴만 알았어요.

첫인상은 서로 어떠셨어요?

소영　음. 무지 밝고. 그냥, 뭐.

동환　서로 별로 관심이 없었어요. (웃음)

소영　네, 맞아요! 아까 말했듯이 일하는 시간이 겹쳤던 것도 아니고 얘기를 나눠본 사이도 아니었거든요. 그러다가 얘가 영사실 실장님이랑 한 내기에서 이겨서 팝콘을 사러 온 거예요, 제가 일하고 있을 때. 근데 제가 워낙 장난기가 많아서 그날 왠지 괴롭히고 싶더라고요. 이 친구는 속으로 "뭐지?" 했을 수도 있어요.

동환　맞아요, 그때 처음 얘가 말을 걸었어요. 그때 처음 봤고. 제가 퇴근할 무렵에 주로 소영이는 출근했거든요. 그러면 그 한두 시간 겹치는 동안에 잠깐잠깐 보고.

고양이에게 간택당한 집사 같아요. (웃음) 그러면 도대체 언제 사귀게 되신 거죠?

소영　제가 그 무렵에 같이 살던 친구가 있었어요. 그 친구랑 같이 영화관 알바를 했고요. 그때 집들이 준비하고 있었는데, 알바생 동기 중에 엄청나게 오지랖 넓은 동갑내기 남자애가 하나 있었어요. 걔가 갑자기 알바생들을 다 부른 거예요. 집이 투룸이라 넓지도 않은데. 그때 한 열세 명 정도 왔나 봐요.

동환　집들이에 가서 얘기를 좀 더 하게 된 거예요. 그러다가 곧 그만둔다는 얘기도 하고. 그때 소영이가 "어, 그러면 그만두기 전에 영화 한번 보자." 그러더라고요.

소영　저는 그냥 지나가는 말로. 영화를 그때 한 달에 열 편 무료로 볼 수 있었는데, 혼자 보기 싫어서 알바하는 친구들끼리 서로서로 "너 시간 되냐? 같이 볼래?" 이런 식으로

으레 하는 말이었어요.

동환   어! 나한테 영화를 보러 가자고? 저는 그렇게 생각했죠. 근데 뭔가 혼자 가기 좀 그래서 그 오지랖 넓은 애를 또 데리고 갔어요. 그래서 셋이 영화를 봤죠. (웃음)

그 뒤로 뭔가 사건이 있었군요!

소영   아니요. (웃음) 그게 다였어요. 근데 갑자기 영화 본 다음 날에 얘가 고백을 한 거예요! 뭐지? 왜 갑자기?

동환   아니에요, 저는 혼자 좋아하고 있었어요. 일단 예쁘잖아요. (웃음)

소영   제가 바로 대답하기 힘들다 했더니, 당장 내일까지 얘기해달라는 거예요. 그래서 고민하다가 나쁘지 않은 것 같아서. 그리고 얘가 지금은 살이 쪄서 그런데, 그때는 웃는 게 정말 예뻤어요.

동환   근데 사실 저는 곧 그만두니까 밑져야 본전이라는 마음도 살짝 있었어요. (웃음)

그때가 스물다섯 정도였죠? 동환 님은 아르바이트 그만두고 본격 취업 준비 시작하신 건가요?

동환   아뇨, 그때 유학을 앞두고 있었어요.

소영   유학을 심지어 두 번이나 다녀왔어요. 5개월짜리로 두 번!

시작이 뜨거웠던 건 아니었네요? 그래도 오래 만났다는 건 그만큼 끌린 부분이 있었던 거잖아요.

동환   그렇죠. 저는 무지 떨렸고 좋아했는데, 여기는 그 정도는 아니었죠

소영   저는 그래요. 가까이에 있을 때는 잘 모르다가 약간 떨어져 있을 때 오히려 애틋함을 느끼는? 유학가기 전까지는 이 친구가 저한테 정말 올인했거든요. 어디 아프다고 하면 약 사 들고 오고, 저는 원래 이렇게 다정한 사람인 줄 알았어요. 근데 그게 딱 그때까지인 거예요.

동환   두세 달 만나고 저는 떠나야 해서 그때 최선을 다했어요. (웃음)

소영   그렇게 잘해주다가 갔어요. 떨어져 있는 동안에도 연락을 잘 받아주는 거예요. 한 시간 넘게 통화하고 얘기하고. 그때는 지금처럼 카카오톡, 페이스톡 이런 게 잘되던 때도

진소영 · 이동환

아닌데도. 그 시간이 정말 좋았어요. 문제는 유학 다녀오고부터! 무슨 말만 하면 시간이 아깝대요.

동환　아니 그게 아니고.

소영　공감도 안 해주고, 누구 친구 얘기하면 한숨 푹푹 쉬면서 그 얘기 궁금하지 않다고 하고. 내가 진짜 저 자식이랑 결혼 하나 봐라! 절대 안 한다!

동환　저는 이제, 빨리 결혼하고 싶으니까, 취업부터 빨리 하자! 이런 마음이었죠. 스물여덟? 아홉? 그때부터 제가 계속 쪼기 시작했어요. "너 나랑 결혼할 거야, 안 할 거야?"

뭐가 그렇게 좋아서 빨리 결혼하고 싶으셨어요?

동환　소영이랑 제가 성격적으로 많이 다르긴 하지만, 저는 사실 얘랑 같이 있으면 되게 기분이 좋거든요. 워낙 긍정적인 에너지가 있는 친구라서. 그리고 항상 말을 예쁘게 해요. 저한테도 "나는 네가 예쁜 말을 좀 많이 했으면 좋겠어!" 이러는데, 본인이 그렇더라고요. 물론 저랑 다르게 너무 활발해서 기가 빨릴 때도 있지만. (웃음) 함께 있으면 기분이 좋아서? 그게 제일 컸어요.

소영　저는 아무래도 편안함? 제가 하는 일이 워낙 다양한 사람들을 다양한 장소에서 만나잖아요. 그럴 때 겪는 여러 사건이나 속상함, 억울함. 그런 감정들이 있거든요. 그럴 때 얘가 얘기를 들어주는 것만으로도 충분히 힘이 되더라고요. 그리고 결혼 전보다 결혼 후에 제 얘기를 더 귀담아듣는 것 같아요. (웃음)

여행이 일이 되어버려서 휴식을 취할 남다른 방법이 있어야겠어요.

소영 저는 영화나 드라마 보면서 슬플 때 확 울고, 그런 시간 좋아해요. 그게 진짜 스트레스 푸는 방법이기도 하고요. 바쁜 시간 지나면 완결된 드라마 1화부터 최종화까지 다 봐요. 아니면 동생이 키우는 개가 있는데, 제가 거의 산책을 시켜요. 거의 아침마다 같이 산책하고. 여행 안 갈 때는 거의 집에만 있어요.

동환 소영이 요리하는 것도 좋아해요. 그래서 같이 먹고 싶었던 요리해 먹고. 같이 드라마 보고. 그렇게 집에서 소소하게 시간 보내는 것도 좋더라고요.

소영 신혼집이 강동구라서 올림픽공원도 산책하러 자주 가요. 동네에서 제일 많이 가는 곳이에요.

찍소가 추천하는 계절별 포토 스폿

봄 벚꽃과 튤립 같은 봄꽃을 마음껏 볼 수 있는 연희숲속쉼터.

여름 보랏빛 수국이 만발한 제주도 혼인지.

가을 은행나무가 예뻐서 꼭 사진을 남겨야 하는 여주 강천섬.

겨울 빙벽을 볼 수 있는 서울 근교. 가평의 어비계곡.

예전보다 주목받게 되면서 힘든 부분도 있을 것 같은데, 어떠세요?

동환 저야 옆에서 지켜보면서 느끼는 안쓰러움이 있죠. 어떻게 보면 소영이는 크리에이터잖아요. 다행히 얘가 기본적으로 말이나 행동을 나쁘게 하고, 나쁜 생각을 하고. 그렇지는 않으니까 그 부분은 다행인데, 가끔 일하다가 고민을 털어놓을 때가 있단 말이에요? 이거 이렇게 좀 해볼까? 이러면 저는 유행을 바라기보다는 그냥 너답게 진실하게 갔으면 좋겠다, 이렇게 말해요.

소영 정말 다행인 점은 여행 분야는 인물보다 장소에 관심이 많아서 다른 분야보다 알아보거나 하는 일이 적은 편이에요. 그리고 다행히 저는 악플도 적게 달리는 편이고요. 근데 또 힘들어도 내가 이 일을 하기로 한 이상, 감당해야 하는 몫이라는 생각도 들어요.

결혼 준비하면서 동환 님도 SNS 시작하셨죠?

동환　네, 같이 웨딩 촬영을 좀 재밌게 했거든요. 결혼 준비하면서 둘이 같이 찍은 사진들 위주로 올렸는데, 생각보다 반응이 좋더라고요? (웃음)

소영　제 친구들도 의외로 좋아하더라고요. 남편한테 보여줘야 할 것 같은? 느낌이래요.

동환　저는 소영이가 저한테 항상 아재 감성이라고 하니까, 올리면서도 뭔가 노리거나 그런 건 없었거든요. 그냥 제가 느낀 감정을 솔직히 쓴 거예요. 예를 들면 "결혼 준비하는 애송이들아, 잘 들어. 결혼에서 남자는 옵션이야. 메인이 되려 하지 마라" 이렇게요. 주변에서 재밌다고 하니까, '아, 다음에 더 좋은 걸 만들어야겠다.' 그 생각하면서 제가 더 놀랐어요. (웃음)

결혼 준비, 결혼식, 신혼여행까지 다 즐겁게 준비했을 것 같아요.

동환　소영이가 워낙 남들과는 다른 웨딩사진을 찍고 싶어 했거든요. 그래서 2박3일 동안 제주 이곳저곳을 돌아다니면서 촬영했어요.

소영　그동안 여행 인플루언서로 출장 다니면서 제주를 정말 많이 갔거든요. 저희는 작년 10월에 촬영했는데, 그때는 제주 억새가 정말 예쁠 때예요. 제주 산굼부리도 좋고, 바다는 월정리도 예쁘고요. 둘만의 추억이 있는 곳들 위주로 돌아다니며 찍었어요.

동환　결혼식도 셀프 웨딩이고, 야외에서 해서 진짜 축제처럼 재밌게 했어요.

소영　근데 솔직히 준비하는 동안에는 의견이 정말 안 맞아서. (웃음) 너무 안 맞는 거예요. 로맨틱이 안 나와요.

동환　연애, 결혼 과정에 로맨틱은 없죠. (웃음)

소영　그래도 얘랑 갔던 여행 중에서도 신혼여행이 제일 좋았어요.

신혼여행, 어디로 가셨죠?

소영　스페인이랑 파리요.

동환　스페인에서 마요르카에 갔는데, 여기가 소매치기가 많다고 해서 플라스틱 라이센스를 안 가져갔거든요. 국제면허증만 챙겼는데, 둘 다 있어야 한다는 거예요. 그래서 사실 제대로 못 둘러봤어요. 숙소도 잘못 예약해서 다시 끊고. 예약 당일이라서 취소도 안 해줘서 그냥 돈 날린 거예요.

소영　네, 근데 괜찮다고 했어요. 이미 일어난 일인데, 어쩔 수 없잖아요. 그런 부분이 에피소드로 보면 좀 웃기고 재밌었죠.

동환　온전히 여행으로 가서 즐거웠던 추억은 거의 이십 대에 같이 다닌 장소인 것 같아요. 지금은 가면 아무래도 소영이가 일을 해야 하니까.

소영　그래서 둘이 같이 여행할 때는 생각보다 사진을 많이 안 남기는 것 같아요. 심지어 저는 출장 갈 때 아니면 이제 화장도 잘 안 하거든요. (웃음)

그러면 현재 두 분의 가장 큰 교집합은 뭘까요?

동환　교집합이라기보다. 개인적인 생각이라 소영이는 동의를 못 할 수도 있는데, 저는 솔직히 얘가 저에게 항상 새로운 세계를 열어준다고 생각하거든요. "이런 거 재밌대, 같이 해보자!" 이러면 처음에는 제가 "아, 뭘 그런 걸 해~" 이래요. 근데 막상 해보면 정말 재밌는 거예요! 캠핑도 그래요. 처음에는 가기 귀찮고, 거길 왜 가나 했는데, 가면 제가 더 좋아해요.

소영　저는 하고 싶은 건 무조건 해야 해요. 캠핑도 제가 좀 갑자기 꽂힌 부분이긴 했어요. 좋아하는 사람들이랑 이런 거 저런 거 챙겨 가서 놀면 재밌겠다, 그러면 이제 실행을 해야 해요. 예전에 제가 공구를 하거나 플리마켓에 나갔던 것도 비슷해요. "어? 이 옷 진짜 괜찮다. 내가 팔아봐야겠다." "플리마켓에서 내가 만든 물건을 팔아봐야겠다!" 해봐야 나중에 후회가 없거든요. 솔직히 언제 죽을지도 모르잖아요. (웃음)

서로 너무 달라서 그 부분이 맞는 것 아닐까요?

소영　맞아요. 저랑 다르다고 인정하니까 좋아 보이더라고요. 솔직히 예전 같으면 처음에는 싫다더니 왜 저래? 이랬을 텐데, 지금은 오히려 제가 놓쳤던 부분들을 얘가 좀 잡아주고, 이성적인 판단도 해주니까 어느 정도 균형을 잡을 수 있구나 싶어요.

동환　저는 기본적으로 이런 소소한 행복들이 좋아요. 막 사귀기 시작했던 한두 달? 그때처럼 사랑이 뿜뿜! 이런 건 아니어도 아침에 얘가 잠든 모습 보면 웃기고, 재밌고. 이렇게 옆에 있는 것 자체가 그냥 고마워요.

소영　저도 이 친구랑 비슷해요. 작은 행복들을 같이 누릴 수 있어서, 그게 되게 좋거든요. 그래서 앞으로도 뭔가 엄청나게 큰 걸 이루고, 엄청 좋은 곳으로 여행을 가고. 그런 것보다 뭐 먹고 싶을 때 같이 먹고, 마트에서 뭐 싸게 팔면 둘이 부지런히 또 그거 사러 가고. (웃음)

이제 결혼 1년 차잖아요. 앞으로 두 분이 원하는 삶의 방향성 같은 게 있을까요?

소영　사실 그렇게 거대한 질문에 대해서는 생각을 해본 적이 없는 것 같아요.

동환　사실 목표 같은 건 없어요. (웃음) 저는 그냥 얘가 원하는 게 있으면 그때그때 맞춰가는 게 좋아요. 결혼식 때 확실히 느꼈어요. 여자 말을 잘 들어야 하는구나, 이런 것?

소영　어머, 몰랐네요. 오늘 처음 알았어요. (웃음) 이제 저희가 나이가 어느 정도 찼으니까, 아기를 좀 준비해 보면 어떨까, 이 정도? 저는 사실 생애주기에 맞춰서 가는 삶도 정말 의미 있다고 생각하거든요. 큰 목표보다 하루하루 행복하게 사는 게 더 중요하잖아요. '이렇게 살아야지, 저렇게 살아야지'보다 '이런 삶이면 좀 안 지루하겠다, 그러다 보면 오늘이 가장 재밌어야 한다!' 이렇게 생각하게 되더라고요.

동환　그래서 그냥 저는 뒤에서 따라 가면서 돈 모으고, 여기는 쓰고. (웃음) 그러고 있어요.

소영　아! 근데 결혼하고 1년이 되니까 서로 편해지고 좋다! 이런 느낌이 들더라고요. 그래서 얼마 전에 출장 다녀와서 처음으로 '편한 사람이랑 여행 가고 싶다' '여기 남편이랑 같이 오면 좋겠다' 생각했어요. 힘들면 서로 얘기할 수 있고, 오늘, 이거 하자, 저거 하자 편하게 말할 수 있고.

동환　앞으로 둘이 그렇게 편안한 여행, 맞춰서 하는 여행, 해보면 저도 좋을 것 같아요.

"달라서 오히려 좋아."

소영 & 동환의
에필로그

소영 저는 인터뷰 의뢰로 처음 이 브랜드를 찾아봤거든요. 다른 인플루언서 친구들이 인터뷰한 내용도 있더라고요. 제품을 생산하는 일 외에도 다양하게 시도하는 것들이 신기했고, '내 얘기가, 우리 부부 얘기가 과연 재밌을까?' 그런 걱정으로 좀 왔는데, 오히려 막 결혼했을 때보다 1년이 지난 지금 이렇게 인터뷰할 수 있어서 다행인 것도 같아요. 지금은 확실히, 결혼해서 아 좋다! 이런 느낌이 있으니까요.

동환 취업 면접 이후로 이렇게 인터뷰를 한 적이 없어서, 새롭기도 했고 재밌기도 한 자리였어요. 바른생각 브랜드는 아주 예전부터 알고 있었는데, 시간이 지나면서는 특별히 관심을 안 두고 지냈거든요. 근데 다양한 이미지를 그리고 접점을 늘리면서 브랜드를 확장하려는 움직임이 꽤 흥미로웠어요. 너무 좋은 시도인 것 같아요.

여행의 물건   **헤드셋** 비행기 안에 있으면 소음이 더 크게 느껴져서 꼭 챙겨 가는 필수템

"이제 어깨를 누르는 짐을 벗어버릴 시간. 나에게 용기를 주오. 너그러워질 수 있는 용기를."
— 오기가미 나오코 감독 영화 <안경> 중에서…

EUNSUNG NOH & DAESUN HONG

우리가 균형을 잡는 방법

노은성 패션 소재 디자이너 @bari_stayhome
홍대선 브랜드 마케터, 작가 @dsun.2 / @lifeisgood_magazine

휴대전화가 터지지 않는 조용한 섬을 찾은 영화 <안경>의 주인공. 바다를 멍하니 바라보며 가만히 사색하거나, 요상한 체조를 하는 사람들이 낯설지만 이내 그녀도 번잡한 마음을 하나씩 벗어 던진다. 완전한 쉼, 완전한 자유를 꿈꾸는 우리. 하지만 현실은 늘 다시 돌아오라며 다급히 손짓한다. 일과 쉼의 균형, 그것이 결국 우리가 택할 수 있는 가장 현명한 방법이지만 글쎄. 우리는 일의 편으로 너무 쉽게 빨려들어 간다. 그래서 노은성, 홍대선 커플은 손을 맞잡는다. 깨진 균형에 서로의 위로와 꿈을 채우고, 숲을 향해 자주 시동을 건다. 잔잔한 호수 같은 두 사람. 그들이 공유하고, 지향하는 일상의 평온함과 여유는 배려, 그리고 서로의 취향을 닮으려는 마음에서 비롯되는 것 같았다.

나를, 너를, 닮아가는
시간들로의 여행

캠핑장이 꽤 높은 곳에 있네요. 시원해요.

대선   저희도 처음 와 보는 곳이에요. 새로 문을 열었다고 해서 예약을 해봤죠. 올라오는 데 길을 잘못 든 줄 알았어요.

은성   다행히 있더라고요. 3일 머물러보니 산머리가 가깝고, 해가 지는 게 예뻐요.

대선 님이 쓴 에세이에서 인상적인 이야기가 있었어요. 대학 동기가 『부부가 둘 다 놀고 있습니다』라는 책을 선물했다는 에피소드요. 두 분을 만나기 전이었지만 주변 사람들에게 어떤 느낌을 주는 커플인지 알 수 있었어요.

대선   어느 날 갑자기 광고회사를 그만두고 프리랜서가 된 카피라이터가 출판사를 준비하려고 회사를 그만둔 편집자 아내와의 일상을 기록한 얘기예요. 책을 선물해 준 동기는 저희 둘을 스무 살 때부터 봤거든요. 읽자마자 저희 두 사람이 딱 떠올랐다고 하더라고요.

은성   부부가 둘 다 놀고 있다는 데 초점을 맞춰서 준 건 아니었지만, (웃음) 마침 제가 막 퇴사한 시점이라 절묘했어요. 신기하더라고요.

책의 내용이 자신만의 템포대로, 하고 싶은 것을 하며 살아가는 두 분의 이야기잖아요. 그만큼 두 분이 그러한 라이프스타일을 지향한다는 거군요.

대선   그렇죠. 근데 제목은 그렇지만 막상 책을 읽어 보면 부부가 되게 열심히 사시거든요. 책을 낼 만큼 글을 쓰고, 지금은 강연도 많이 다니시는 것 같아요. 다만 그게 자기가 좋아서 하는 일이라는 거죠. 그렇게 일하면서, 자기 템포에 맞춰 놀고. 저희도 그런 일상을 지향해요.

퇴사는 걱정스럽지만 달콤하기도 하잖아요. 은성 님의 요즘은 어때요?

은성 저는 대학교를 졸업하자마자 바로 패션 브랜드에 취직해서 8년 정도 여성복 브랜드 소재 디자이너로 일했어요. 쉴 새 없이, 뭐랄까, 무슨 노예처럼 일을 했거든요. 터닝 포인트가 필요했어요. 걱정도 됐지만 사실 달콤함이 더 큰 것 같아요. 지금은 집 근처 카페에서 바리스타로 조금씩 일하면서 쉬기도 하고, 놀기도 하고요.

대선 은성이가 정말 많이 힘들어했어요. 새벽에 오는 날이 많았어요.

은성 지금은 평온하고 좋아요.

대선 님도 프리랜서 마케터로 일하고 계시죠? 『끄적, 기록하며 나를 알아갑니다』라는 대선 님의 책을 보면 차근차근 이직하며 성장해 가다가 갑자기 프리랜서를 선택했어요.

대선 광고대행사에서 사회생활을 처음 시작했어요. 2년 있다가 패션 브랜드로 이직해서 3년 정도, 스타트업에서 몇 달, 또 최종 목표였던 스포츠 브랜드로 이직했죠. 그렇게 마케터로 총 9년 정도를 일했어요. 항상 저는 이직할 때 목표가 있었고, 운 좋게 목표대로 잘됐거든요. 이 정도면 잘 가고 있지 않나 하는 생각도 했고요. 근데 제가 원하던 곳에 가서도 또 다른 곳을 찾아 이직할 생각을 하더라고요. 어디를 가도 항상 직장에 관한 목마름이 있던 것 같아요. 한참 생각을 하다가 이럴 바에는 차라리 혼자 나가서 내가 어디까지 할 수 있는지를 실험해 보고 싶다는 생각이 들었어요. 다행히 관두자마자 전에 같이 일했던 분들이 연락을 주셔서 프리랜서 마케터로 일할 수 있었어요. 일은 다양한 갈래로 이어지고 있고요.

경험상, 프리랜서로 일하는 게 더 바쁘기도 하고, 불안하기도 하고. 그렇지 않아요?

은성 여기 와서도 노트북 켜 놓고 일하던데요. (웃음)

대선 맞아요. 프리랜서는 휴일이 없는 느낌이 있죠. 불안은 뭐, 회사 다닐 때도 계속 불안했어요. 어차피 불안한 거, 해 보고 싶은 걸 다 해보자는 거죠.

두 분이 함께하시는 시간이 더 많이 늘어났겠어요. 인스타를 보면 늘 두 분이 어딘가 함께 가고, 취향을 공유하는 모습들이 보였어요. 두 분의 취향은 비슷한가요?

대선 반반이지 않을까요?

은성 같이 지낸 시간이 오래되다보니 비슷해진 것 같아요. 스무 살 때 만나서 벌써 10년을 넘게 함께하고 있으니까요.

대선 연애하면서 맞춰진 부분도 있고, 결혼 후에는 더 서로의 취향에 스며든 부분이 있죠. 캠핑도 다니고 이것저것 같이 하다 보니, 공통의 취향이 더 명확히 드러나더라고요.

은성 대선이의 취향이 좀 더 강력해요. 본인의 취향에 맞는 브랜드나 음악 같은 걸 소개하는 SNS 채널을 운영하기도 하고요.

대선 아무래도 브랜드 마케터니까 이제 막 등장한 브랜드나 관련한 새로운 문화 마케팅 툴을 제가 더 많이 접하니까요.

두 분이 만난 얘기를 좀 해볼까요? 스무 살이라는 설레는 나이가 대화 속에 종종 등장하네요.

은성 대선이의 고등학교 친구인 제 대학 동기가 처음 소개해줬어요.

대선 제가 남녀공학을 나왔는데, 고등학교 친구들끼리 만나는 자리에서 그 친구가 자기 과에 저랑 되게 잘 어울리는 친구가 있다는 거예요. 연락처를 주더라고요. 전 당시에 소개받을 생각이 없었거든요.

은성 연락이 없더라고요.

대선 그 친구가 너를 생각해서 연락처를 줬는데 어떻게 연락을 안 할 수가 있냐면서 화를 냈어요. "알았어, 만나볼게" 했죠. 그런데 거기서 첫눈에 반하긴 했죠.

은성 저는 첫눈에 반하지는 않았고, 두세 번 만나면서 자연스레 만나게 되었던 기억이…

대선 원래 제가 다른 학교였을 때부터 만나다가 과가 너무 적성에 안 맞아서 자퇴하고 은성이와 같은 학교로 입학했어요. 따라 간 거 아니고 점수 맞춰서 간 거랍니다. (웃음) 그렇게 또 CC로 쭉 만나게 된 거죠.

오랜 커플이 결혼하는 건 확실한 계기가 필요한 것 같던데, 결혼을 결심한 순간이 있었나요?

은성 연애는 10년 이상 하지말자 라는 둘의 생각이 있었고, 연애 10년이 딱 넘어간 순간 자연스럽게 진행이 됐어요. 서로의 부모님도 자연스럽게 뵙게 되었다는 그런 흔한 스토리죠.

대선 저는 있어요. 은성이가 취업을 했고, 저는 취업하기 전인데 데이트를 하고 집에 왔는데 지갑에 없던 돈이 있더라고요. 대학 때 중고차가 운 좋게 생겨 타고 종종 데이트를 했거든요. 돈이 없을 때니까 저를 생각해준다고 돈을 넣었더라고요. 감동받기도 하고, 다시 한 번 그 마음 깊이에 반하기도 했죠.

은성 내가 그랬어? 저도 이런 생각은 있었어요. 대선이가 뭐든 열심히 하고 항상 성실하거든요. 굶어 죽지는 않겠다 싶었죠.

대선 나 열심히 일해야겠다…

장기 연애 커플이 결혼을 하면 또 새로울 것 같아요. 서로의 라이프스타일이 한데 섞이잖아요. 두 분의 공간이나 휴일을 보내는 방법이 궁금해지네요.

대선 일단 은성이는 집 꾸미기 같은 데 관심이 없어요. 오히려 제가 이런 인테리어 어떨까? 하고 제안하면 하자는 대로 다 수긍을 해줘요. 서재를 만들 때도 알아서 하라고 하길래 꾸며서 콘텐츠 소재로 잘 사용하고 있죠.

은성 해놓은 걸 보면 다 괜찮더라고요. 그래서 수긍을 해요. 결혼한 지 5년차인데 패턴을 보면 주말에 각자 뭔가를 하는 걸 서로 존중해주는 것 같아요. 대선이가 서재에서 혼자 뭘 하고 있으면 저는 거실에 누워 TV를 보면서 쉬고요.

대선 여유 있는 주말에는 평일에 할 일을 미리 계획한다든지 못 했던 일을 하는 걸 좋아해요. 자전거도 타고, 캠핑도 가고요. 결혼이라는 새로운 환경에 놓였다고 해서 서로를 낯설게 느끼거나 달라지지는 않은 것 같아요.

평화롭네요. 두 분이 그런 주말에 함께 공부해 정리사 자격증도 따신 건가요?

은성 대선이가 새로운 것에 도전하는 걸 즐겨요. 저는 그런 성향은 아닌데, 같이 하니까 할 수 있겠더라고요.

대선 함께해줘서 고맙죠. 정리사 자격증은 제가 옛날부터 따고 싶었던 건데, 회사에 다니면서는 못 하겠더라고요. 은성이랑 같이 집에서 실습하면서 집 정리도 하고 재밌었어요. 이후에 같이 뭔가를 하려고 시도 중이에요. 지금 각자 블로그도 해요. 열심히 해보자고 하면서 목표도 세우는데 재밌더라고요.

은성 집에서 둘이 그런 걸 하니까 좀 동아리 같기도 하고, 작은 회사 같기도 하고… (웃음)

대선 님은 글 쓰는 걸 굉장히 중요하게 여기시는 것 같던데, 특별한 이유가 있나요?

대선　스무 살 때 처음 블로그를 만들어서 무언가 기록하고 싶을 때 간헐적으로 올렸어요. 어느 날 블로그를 쭉 돌아보는데 옛날 기억이 거기 다 있더라고요. 완전히 잊었던 친구들과의 여행이나 제 마음 상태 같은 거요.

은성　옆에서 보면 책 읽는 것도 좋아해서 글쓰기에 더 관심을 가지는 것 같아요.

대선　마케팅을 하다 보면 글을 써야 할 때가 꽤 있는데 재밌더라고요.

'기록은 기억을 이긴다'라는 말이 대선 님 책에 쓰여 있어요.

대선　그 말을 좋아해요. 앞서 이야기한 것처럼 그 느낌을 체험했으니까요. 그래서 저를 알아가고, 순간의 일상을 잘 남겨놓을 수 있도록 좀 더 긴 글을 써보고 싶었어요. 브런치에 작가로 등록하면서 동기부여가 확실히 된 것 같아요.

그렇게 책까지 내게 되셨군요. 마감이 없는데 혼자 책을 준비해서 내셨다는 게 대단해요.

대선　해방촌에 스토리지북앤필름이라는 독립서점이 있어요. 독립출판도 하는 곳인데, 거기서 책 만들기 클래스를 열었어요. 제가 인스타 광고 타깃에 딱 걸린 거죠. 하고 싶더라고요. 굉장히 빨리 마감되는 클래스라 바로 연락하고 지원했죠. 일주일에 한 번씩 수업이 열리고, 한 달 만에 책이 나올 수 있게 돕는 과정이었어요. 은성이가 퇴고도 해주고요.

은성　꾸준히 글을 쓰는 스타일이라 글이 많았어요. 쭉 읽고 이건 빼자, 순서를 바꾸자, 의견을 보탰죠.

대선　원래는 더 두꺼웠는데 그래서 얇아졌어요. (웃음)

책이 재밌어요. 그중에 은성 님이 퇴사하면서 대선 님에게 브롬톤 자전거를 사준 에피소드가 제일 기억에 남아요. 거의 은성 님이 위인으로 표현되어 있던데요?

은성　큰 돈 들여서 남편에게 뭔가를 사줄 수 있는 기회가 많지 않잖아요. 그래서 퇴직금이 나온 기념으로다가. 게다가 워낙 그 자전거를 갖고 싶어 했어요. 사진도 종종 보여주고요. 대선이가 응원을 많이 해줘서 제가 8년간 회사를 다닐 수 있었거든요. 결혼하고 나서는 특히 제가 힘들었던 시기인데 옆에서 많이 힘을 줬고요. 퇴사를 하고 싶다고 했을 때, 흔쾌

히 그러라고 하더라고요. 사실 그게 힘든 일이잖아요. 항상 저를 믿어줘서 고맙죠. 그에 보답하는 마음으로 선물했어요.

대선 그런 마음이었구나, 몰랐어. 힘들어 하는데 할 수 있는 게 격려의 말밖에는 없어서 미안했는데 응원이 됐다니 다행이네요. 은성이 그만둔다고 할 때 주변 사람들은 말렸어요. 근데 저는 병이 나는 것보다 빨리 그만두는 게 낫다고 생각했거든요. 브롬톤 자전거는 평소 제가 멋지다고 생각하는 주변 분들이 타고 있는 자전거였어요. 그래서 막연히 동경했고 살까 말까 무척 고민을 했는데 갖게 돼서 너무나 기뻤죠. 이걸 내가 가져도 되는 건가? 싶은 감격스런 마음 있잖아요. 여행할 때도 여기저기 가지고 다니며 잘 타고 있어요.

장면을 상상만 해도 기분이 좋아져요. 두 분 캠핑은 어떻게 처음 시작하게 됐어요?

대선 3년 전에 캠핑에 대해서는 아무것도 모르는 채 따라갔다가 푹 빠졌어요. 너무 재밌더라고요. "우리도 다니는 거 어떨까?" 제가 먼저 얘기했던 것 같아요.

은성 하나둘씩 캠핑 용품을 사게 되면서 본격적으로 시작했어요.

대선 이제 장비를 덜어내고 있어요. 너무 많아서 힘들더라고요. 최소한으로 가뿐하게.

캠핑은 장비가 다라던데, 미니멀한 캠핑을 추구하시나 봐요.

대선 원래 큰 텐트를 썼었는데, 작은 텐트로 바꿨어요. 큰 텐트를 쓰는 동안에는 캠핑을 즐기기도 전에 힘이 다 빠져서 순간, 이게 과연 쉬러 오는 건가 하는 의문이. 남들은 잘 치던데 저희한테는 안 맞더라고요.

은성 그래서 과감히 처분했어요. 물건도 딱 필요한 것만 조금씩 챙겨서 다니자고 결심하고 나서 오히려 더 재미있는 것 같아요.

캠핑의 어떤 점이 좋았나요?

대선 일상에서 벗어났다는 느낌이 확실했어요. 3년 동안 30번 넘게 캠핑을 다녀왔거든요. 마음이 지칠 즈음 떠났고, 그 속에서만큼은 괜찮았어요. 제가 업무적으로 고민이 많은 스타일이거든요. 숲에서 시원한 바람을 맞으면 머릿속에 선선한 공간이 생기는 것 같더라고요.

은성 회사 스트레스나 잡념 같은 것들이 잊히고, 텐트와 둘러싼 자연에만 집중을 하는 거예요. 제일 좋은 순간은 불멍을 할 때예요. 주변은 조용하고, 나무가 타닥 튀는 소리를 가만히 듣고 있으면 너무 좋은 거예요. 어제도 얘기했어요. "이것 때문에 오는 것 같아"라고요.

주로 어느 곳으로 떠나세요?

대선 서울 근교에 의외로 캠핑장이 많아요. 오늘은 가평에 있지만 더 가까운 곳도 많고요.

은성 강원도로도 자주 가는 편이에요.

대선 캠핑이 아닌 그냥 여행은 부산으로 제일 많이 가요. 이상하게 정이 가더라고요.

은성 1년에 한두 번은 꼭 가요. 제주도보다 맘에 들어요.

캠핑 초보가 가기 좋은 도시 근교 캠핑장 4곳

여주시 캠핑주막 캠핑장 바로 앞에 발을 담구거나 물놀이를 할 수 있는 계곡이 있고, 특히 펍이 있어, 무더운 여름 날 텐트를 치고 생맥주 한 잔 마셔보기를 추천한다. 잊을 수 없는 맛. 애견동반이 가능하다는 점도 좋다.

춘천시 봄봄 캠핑장 사이트마다 개별 화장실과 샤워실이 있어 편리하다. 더운 날 언제든 샤워를 마음 편하게 할 수 있는 캠핑장. 계곡이 있어서 물놀이하기에도 좋다.

태안군 우니메이카 캠핑장 사방이 나무로 둘러싸여 있다. 노래를 틀 수 없는 룰이 있어 고요하다. 자연의 소리와 서로의 대화에 집중하는 진정한 힐링을 경험할 수 있다.

포천시 돌고래 캠핑장 벚꽃이 만개하면 그 벚꽃뷰가 잊을 수 없을 만큼 굉장하다. 계곡이 있어 물놀이하기 좋다. 절벽 앞 사이트는 유명한데, 한 폭의 그림 같다는 표현이 어울린다.

그렇게 각자한테 잘 맞는 지역이 있는 것 같아요. 부산이 왜 좋으세요?

대선 부산은 바다도 있고, 맛있는 것도 많아서? '대선'이라고 제 이름과 같은 소주도 있어요. (웃음) 바다가 보이는 노포나 포장마차에 가서 술을 마시는 감성도 너무 좋아해요.

은성 둘 다 술을 즐기거든요. 부산에서 함께 마시면 편안해요. 요즘은 영도를 자주 가는데 바닷가 바로 앞에 포장마차 거리가 있어요. 바다가 찰랑찰랑한 항구에 불빛이 빛나고,

사람도 많아요. 붐비는 걸 싫어하지만 일단 너무 맛있더라고요.

대선 이번에 갔을 때는 포차만 세 번을 갔어요. 포장마차에 파스타를 팔더라고요. 남포동 포차에서는 고등어에 술을 마셨고요.

부산의 낭만을 좋아하시는군요. 오래도록 같이 붙어 있으니 여행 추억이 많을 것 같아요.

은성 특히 기억나는 여행은 첫 여행지인 강릉이랑 신혼 여행지인 스위스예요.

대선 아 첫 여행! 스물한 살 때인가 제가 중고차가 생겨서 둘이 강릉을 간 거예요. 처음 장거리 운전이라 엄청 긴장을 했는데, 비까지 미친 듯이 쏟아지더라고요. 은성이는 옆에서 잘 자더라고요. 핸들을 두 손으로 꼭 잡았어요.

은성 그건 네가 엄청 잘해서 걱정 없이 잤던 거지.

대선 그랬구나. (웃음) 스위스는 둘이 갔던 첫 해외 여행지였어요. 제일 기억에 남는 일은 원래 가려고 했던 융프라우 기상 상황이 안 좋아서 못 가게 되었을 때예요. 원래 계획하고 돌아다니는 편인데, 당황스럽더라고요.

은성 그래서 무작정 기차를 탔어요. 중간에 수도인 베른으로 목적지를 정해서 내리고, 공원을 찾아 산책을 했어요. 갑자기 비가 내려서 처마 밑으로 뛰기도 하고.

대선 맛있는 것도 먹었어요. 계획은 틀어졌지만 그래서 재밌었죠.

여행지를 선택하는 기준이나 취향도 비슷할 것 같아요.

대선 붐비는 곳은 일단 잘 가지 않아요. 부산에서도 조용한 곳을 찾아서 가요.

은성 유명한 맛집보다는 현지인들이 자주 찾는 곳을 좋아해요. 둘이서 여기저기 다니면서 새로운 공간에 가보려는 시도도 많이 해요.

대선 그래서 생각보다 맛이 없거나 별로인 곳도 가게 되지만 그걸 실패라고 생각하지 않아요. 오히려 그 동네를 더 잘 알게 된 것 같아서 즐거워요.

여행에서 상대의 다른 모습을 종종 발견하기도 하나요? 싸우거나.

은성 잘 모르겠어요. 우린 똑같은 것 같아 그치?

대선 정말 다른 게 없는 것 같아요. 여행 가면 많이들 싸운다고 하더라고요.

은성　사실 저희가 14년간 싸운 적이 없어요. 다들 거짓말인 줄 아는데, 둘 다 무던한 편이고 좋은 게 좋은 거라고 생각하는 편이거든요.

대선　낯선 곳에서 온전히 두 사람만의 라이프를 즐기는 거니까 당연히 못 보던 모습을 보기도 하고, 싸울 수 있죠. 다만 여행의 목적은 사랑을 키우는 거니까 서로 이해하면서 추억을 많이 쌓는 편이 좋잖아요.

싸움을 단 한 번도? 믿겨지지 않아요. 그럼, 이런 경우에는 어때요? 되게 맛있는 걸 먹고 싶었는데 은성 님이 데려간 멀고 먼 식당이 너무 별로였다면?

대선　만약 맛이 없대도 저는 맛있다고 할 것 같아요. 맛있다고 하고 또 다른 거 먹으면 되죠.

은성　거짓말로? 그랬던 거야?

대선　아니 그런 적은 없어. 상상을 해보자면 말이죠. 애써서 찾았을 텐데 보답을 해야죠.

은성　저는 그냥 별로라고 할 것 같아요. (웃음)

대선　맞아요. 별로라고 말할 스타일인데, 저는 상처 받지 않아요. 다행인 건 은성이가 검색을 잘해서 맛이 없던 적은 없어요.

신기해요. 그러면, 여행 때 커플들이 어떤 마음가짐으로 떠나면 좋을까요?

은성　싸우면 너무 괴로울 것 같아요.

대선　배려가 아닐까요? 근데 너무 뻔하다.

은성　뭔가 색다른 걸 얘기해 봐. 참는다?

대선　뻔한데?

두 분이 단 한 컷의 여행 사진만 찍어 올릴 수 있다면, 두 분의 어떤 모습을 찍고 싶어요?

은성　아마도 저희가 캠핑하고 있는 모습일 것 같아요. 가장 자주 떠나는 여행 형태기도 하고, 요즘의 저희를 대변하는 모습이니까요.

대선　최근에 올리는 사진들 중 개인적으로 좋아하는 것은 이 캠핑 의자를 배경으로 해서 저희 뒷모습을 풍경과 함께 담는 거예요.

　　너무 좋은데요? 한 방향을 바라보고 있는 모습이잖아요. 각자 앞으로 어떤 삶을
지향하세요?

대선　요새 좀 많이 드는 생각인데, 퇴사 후 일하는 시간은 오히려 많아졌지만 제가 시간
을 쓰고 싶을 때 쓸 수 있는 게 너무 좋더라고요. 그러면서 가족들과 시간을 더 보내고, 개
인적인 목표를 조금씩 이루고요. 그런 삶을 살고 싶어요.

은성　퇴사하고 시간이 빨리 흐르더라고요. 여유 있는 일상이지만 한편으로는 시간이 아
깝기도 해요. 회사로 다시 돌아가고 싶지는 않아요. 내 생각을 담은 브랜드를 만들거나, 내
가 더 잘할 수 있는 일을 찾아야겠다, 하는 소소한 꿈이 있어요. 같이 이뤄나가 보려고요.

"계획 없이 시동을 걸었다. 출발할까?"

은성 바른생각에서 어떤 물건을 판매하는지는 몰랐어요. 사이트를 방문했을 때 약간 놀랐어요. 하지만 디자인이 재밌어서 부끄럽지 않게 구매할 수 있겠더라고요. 눈이 가던데요? (웃음) 저희가 너무 사건이 없는 커플인데, 기억을 끄집어보니 정말 많은 시간들을 함께했네요. 즐거웠어요.

대선 처음에는 바른생각이 왜 매거진을? 하고 생각했는데, 금세 이해가 되더라고요. 브랜드가 다양한 콘텐츠를 시도하는 과정인 거죠. 커플과 여행이라는 테마가 바른생각과 잘 어울린다고 생각했어요. 멋진 기획에 함께하게 되어 기뻐요.

헬리녹스 체어 작게 접혀 휴대하기 좋고 캠핑에서 가장 많은 시간을 보내는 자리
첨스 캠핑컵 처음 캠핑을 위해 산 귀여운 커플 컵

노은성 · 홍대선

사 랑 의 순 간 들 로 의 여 행

Hyesun Shin &

감독과 페르소나,

Kwangwon Choi

사랑을 한다

"붓을 든 것은 수화 혼자였지만 그림에는 함께인 생각이 담길 때가 많았다. 대화가 뜨거울 때는 물론 말이 없을 때조차 그들은 소통하고 있었고 따로 있는 순간에는 같은 것, 그림을 생각했다. 교감은 깊고 풍부했으며 쉼이 없었다."

— 정현주 『우리들의 파리가 생각나요』 중에서…

신혜선 아트디렉터 @cinesun
최광원 배우 @illuminant_c

사슬 건 발목, 웨딩드레스와 턱시도를 입고 늪을 지나는 두 사람. 묵묵히 걸어 결승선을 통과할 땐 마음이 묵직해진다. 마치 돈을 위해 달려드는 것처럼 자극적인 제목이었던 <2억9천 : 결혼전쟁>의 끝에서 결국, 사랑은 굳은 믿음으로 고통도 함께 견뎌내는 것이라는 고전적인 명제를 떠올렸다. 물론 모든 사랑은 다르지만 신혜선, 최광원 커플은 좀 특별하다. 서로의 과거를 모두 인정하며, 서로의 장점을 아낌없이 칭송하고, 사랑의 감정을 자유롭게 교감한다. 특히 감독과 페르소나로 서로를 정의하며 같이 성장하려는 모습은 유쾌하고 놀랍다. 이보다 단단하고 풍부한 사랑이 또 있을까? 과연 나는 그렇게 사랑하고 있나. 자꾸 뒤를, 지금을 돌아보게 했다.

서로를 그대로, 한껏 안아들고

주변에 두 분을 만나게 됐다고 했더니 다들 좋아했어요. 이유를 물었더니 서로에 대한 믿음과 가치관을 꼽더라고요. 사랑하게 된 계기도 독특한 가치관이 잘 맞아서였다고요.

광원 예를 들면, 보통 전 남친이나 여친 이야기를 금기시하잖아요.

혜선 그런 것에서 자유로워요. 예쁜 여자나 멋진 남자가 지나가면 같이 감탄해요. 본능이고 자연스러운 현상이니까요.

광원 전방 1시 방향! 하면 같이 와우 하는 거죠. 보통은 숨기잖아요. 근데 오히려 애써 숨기면서 거짓을 말하게 되는 것 같아요. 오픈하면서 서로에게 신뢰, 믿음, 자유 같은 것들이 생긴다고 생각해요.

두 분 헐리우드 같은 과거사가 있던데요? 광원 님 이전 여자친구가 혜선 님의 절친이었고, 요즘 집에도 놀러 오신다는?!

혜선 셋 다 대학 동기인데 다닐 때는 한 번도 마주친 적 없어요. 졸업 직후에 오빠를 친구의 남친으로서 딱 한 번 봤어요. 친구 생일날 카페에 둘이 있었는데 선물 주러 왔더라고요. 그때 친구가 되게 아깝다고, 생각했어요. 오빠가 수염도 나고 몸도 왜소하고요.

광원 전 여자친구가 되게 예쁜 친구였거든요.

컥, 이렇게 얘기해도 정말 질투가 안 나나요?

혜선 실제로 예뻐요. 지나간 얘기인 데다, 만약 둘 중 누군가가 과거를 현재로 끌고 와서 문제를 만들면 그게 손해죠. 미련이 있는 것도 아니고. 저는 오히려 과거 얘기를 듣는 게 무슨 에피소드 같고 재밌어요. 또 오빠가 그만큼 저에게 믿음과 사랑을 주기 때문에.

다시 만난 건 얼마나 지난 후였어요?

혜선　졸업 후 4, 5년쯤 지나서? 연기를 전공한 한 오빠 친구들이랑 어울려 놀 때 광원 오빠도 온 거죠. 많이 달라졌더라고요. 그때 그 사람이 맞나 했죠. 처음부터 이성적인 감정은 없었고, 몇 달 그냥 다 같이 몰려서 열심히 놀았어요. 오빠도 파워 E고 저도 노는 거 좋아해서요.

광원　주변 친구들이 워낙 재밌어요. 다 배우이기도 하고, 끼도 많고 정말 같이 노는 애들 중에서도 제일 재밌는 애들이 모였거든요. 생긴 것마저 재밌어요.

혜선　그러니까 저한테는 더 신세계.

호감을 느끼기 시작한 건 언제부터예요?

혜선　그렇게 논 지 한 5개월쯤 지나고서 제가 먼저요. 저한테는 썸이 8개월이고 오빠한테는 4개월이에요. 먼저 좋아했으니까 더 길어요. 중간에 이렇게 오래 끌면 안 되겠다 싶어서 오빠한테 썸을 끝내든지 어쩌든지 하자고 했어요. 한 해가 네 달 정도 남은 시점에 내년 1월 1일까지 사귀는 것처럼 진지하게 만나고 결정하자고 말했거든요.

광원　그때부터가 저한테는 썸 시작이었어요. 그전까지는 혜선이가 사귀자고 하는데 저는 계속 싫다고 했어요. 그 해는 연애를 쉬어야 하는 해였거든요. 연애에 관한 저만의 룰이 있어요.

혜선　전년도에 연애를 하셨거든요.

독특한 룰이네요.

광원　연애를 하는 순간 제한이 생기잖아요. 아무데나 놀러 다닐 수 없고. 또 그때가 마침 서른 살이었어요. 서른을 완벽히 자유롭게 즐기겠다고 선언한 상태여서 더 거부했죠. 전 여친과 헤어지고 10개월 바짝 놀았는데, 어느 순간 그것도 지겹더라고요. 혜선이가 그렇게 말하고서 진지하게 생각을 해봤는데, 되게 매력적인 거예요.

어떤 점이 그랬어요?

광원　그냥 혜선이가 갖고 있는 내면의 상태가 참 좋았어요. 감정 기복이 없고 단단하거든요. 저는 직업도 그렇고 롤러코스터 같은 사람인데, 혜선이는 바다 같은 사람이라고 느낀 거죠. 대화 방식도 좋았어요. 같이 공상하는 걸 즐기고 어떤 논제가 있으면 깊게 파고들어 분석하는 걸 좋아해요. 대체로 가치관이나 합이 잘 맞지만 의견이 달라도 다름을 인정하고요. 존중이 있는 거죠. 저는 그걸 제일 중요하게 생각하거든요. 이 사람과 만남으로 인해서 나도 혜선이도 성장하겠구나 하고 느꼈을 때 사귀자고 결심했어요. 서로를 북돋는 관계여야 한다고 생각하거든요.

그 이전에 혜선 님이 많이 노력했다고 들었어요. 어떻게 마침내 마음을 얻었나요.

혜선　돈을 많이 썼어요. (웃음) 옷도 사주고.

광원　나는 옷을 진짜 싫어하는데요?

혜선　저는 예쁜 사람 꾸며주는 걸 좋아해요. 제 취향대로 옷을 사서 오빠를 더 멋지게 꾸몄죠. 오빠는 여행이나 액티비티를 좋아해서 캠핑용품을 장만하고 백패킹이나 캠핑을 계속 갔어요. 지금은 같이 키우지만 오빠가 그때 끼리(골든 리트리버)를 키우고 있어서 데리고 가려면 야외로 가야 했거든요.

썸이라고 하기에는 이미 사귀는 형태였네요.

혜선　맞아요. 구속만 없는 상태였어요. 그렇게 같이 여행하고 놀러 다니면서 오빠가 저한테 매력을 더 느끼지 않았을까요?

광원　사실 나는 전혀 상관없었어. 뭘 사주든, 어딜 놀러가든. 네가 좋았지. 그리고 일할 때도 멋있더라고요. 일할 때도 카리스마 있고, 섹시하고.

일도 같이 하세요?

혜선　제가 아트디렉터 일을 하니까 촬영 현장 일이 많거든요. 오빠도 연극을 해서 무대 세트 만들고 현장 일을 잘해요. 사귀기 전부터 같이 일했어요. 지금도 하고요.

신혜선 · 최광원

아, 근데 빼 먹은 얘기가 있어요. 그래서 결전의 1월 1일에는 무슨 일이 있었나요?

혜선　12월 31일에 이 집에 같이 있었거든요. 시간이 자꾸 다가오니까 어떻게 하지, 카운트다운 보고 고백을 하면 되나 하고 생각하고 있었는데 오빠가 갑자기 차에서 뭘 가져오더라고요. 꽃다발이랑 손편지였어요. 울었죠. 그때부터 사귀게 되었습니다.

광원　우리가 만나면 나도 혜선이도 성장하겠구나 하고 느꼈을 때 사귀어야지 결심했어요. 서로를 북돋는 관계여야 한다고 생각하거든요.

크, 심장 터지는 순간들이네요. 막상 사귀니 달랐던 것이 있나요?

혜선　술 마시면 애교가 많은 편인 건 알았는데, 진짜 많더라고요.

광원　제가 되게 남자다운 사람인데. 흠.

혜선　그보다 주변 사람들이 전부터 오빠가 연애하면 애인한테 잘한다는 거예요. 저렇게 노는 걸 좋아하는데 정말 그럴까 의심을 좀 했었는데, 진짜 사귀고 나니까 저만 바라보고, 저한테만 다정한 거예요. 놀랐죠. 잡은 고기에도 밥을 주고 정성스럽게 키우는구나. (웃음)

광원 님 입장에서는 어땠어요?

광원　가치관 면은 같았어요. 다만 달라진 건, 나를 꼬시기 위해 위장을 많이 했었구나 했죠. 예를 들면 집안일을 좋아하는 척이라든지.

혜선　그때는 오빠 집을 싹 청소하고 요리도 해놓고 그랬죠. 원래 요리는 좋아하지만 청소는 안 좋아하거든요.

광원　다행인 건 제가 오히려 집안일을 즐겨 하는 편이에요.

동거를 먼저 하셨죠?

광원　동거라기보다는 혜선이가 집에 안 가더라고요?

혜선　원래 이태원에 제가 여동생이랑 살고 있었고, 썸탈 때 사당에 살고 있던 오빠를 이리로 이사 오게 꼬셨더니 오더라고요. 아무튼 시키는 건 잘했어요.

광원　이태원은 좋은 동네니까요. 전 합리적인 사람입니다. 동거의 기준이 짐을 합치는 거라면 동거 기간은 별로 안 돼요.

혜선　그러다가 결혼 결심을 하고 그냥 합치자는 말이 나와서 오빠가 이리로 오고 동생을 오빠네로 보냈어요.

같이 본격적으로 살다 보니 싸우는 경우도 있죠?

광원 생활 방식 때문에 싸우는 건 하나도 없고요. 제가 잘못하면 일방적으로 당할 때가 있죠.

혜선 오빠가 술을 좀 빨리 마시는 편인데 제가 그걸 안 좋아하거든요. 저는 술을 아예 안 마시고, 술자리에서 좀 충분히 놀고 싶은데 취하면 귓속말로 그렇게 집에 가자고 해요.

광원 빨리 먹고 치우고, 얼른 잠드는 걸 좋아해요.

혜선 소주 세네 병을 급히 해치워요. 제가 예쁘게 꾸며놔서 그렇지 속은 아재. 인스타도 본인 취향으로 찍은 이상한 셀카들 정리하고. 엔터 소속사 대표 마음으로 배우 관리 중입니다.

결혼해야겠다 하는 순간은 언제였어요?

광원 사실 저는 결혼 생각이 없었어요. 10원이 있어야 결혼을 하는데 (웃음) 그 10원이 없으니 어떻게 결혼할 생각을 하겠어요. 결혼은 돈이니까요. 근데, 혜선이가 저보다 잘 벌고 금전적인 면에서 부담이 덜했던 건 사실이에요.

혜선 몽골 여행에서 제가 청혼했어요.

광원 문득 결혼하자더라고요. 그리 진지한 분위기는 아니었는데, 진심이라는 게 느껴졌어요. 한 일이초 생각해봤는데 해도 될 것 같더라고요. 그래, 했죠.

그래서 몽골에서 결혼식을 올리셨군요.

혜선 원래는 프로포즈한 다음 해 여름에 친구들만 불러서 풀파티를 하려고 했어요. 가족들 있는데 비키니 입고 노는 건 좀 그렇잖아요. 근데 <2억 9천>에 나가게 된 거예요. 가족들 하고는 나중에 몽골로 같이 여행 가서 결혼식을 올리자 정도로 계획했었어요.

광원 그런데 프로그램에서 우승을 한 거예요. 근데 풀파티를 열면.

혜선 사실은 일반 결혼식보다 돈이 덜 드는데도 좀 사치와 향락을 부린다 생각하실 수도 있을 것 같아서.

광원 몽골을 먼저 갔죠. 내년에 풀파티 합니다. 친구들과 피로연 느낌으로요.

결혼이 예정된 상황에서 그 힘든 프로그램에 나가신 거예요?

혜선   추억을 쌓으려고 나간 건데, 몰랐어요.

광원   예상은 했지만 그렇게 힘들 줄은.

혜선   예비부부니까 감정이나 심리전이 많을 줄 알았는데 몸 쓰는 비중이 많았어요.

**갯벌에서 부케를 쟁탈하는 첫 미션부터 난이도가 높았는데,
두 분이 결국 해내시더라고요.**

광원   정말 죽을 뻔했어요.

혜선   사실 그때는 미안했어요. 혼자였으면 그냥 1등 하는 사람인데, 저 때문에 못 가고 다른 커플 붙잡고 버티고 있어야 했잖아요. 그것 때문에 욕도 많이 먹었고요.

광원   멋있다는 의견, 너무 치사했다는 의견이 반반 정도였어요.

커플 관계를 흔드는 심리전도 많았어요.

혜선   전 오히려 심리전이 많을수록 유리하다고 생각했어요. 저희는 워낙 그런 얘기들을 많이 하고, 질투도 하지 않고요. 그런 미션들이 나올 때마다 우리가 이기겠다 생각했죠.

웃음이 터지는 장면도 많았어요. 광원 님은 막 극한 체력을 쓰고 있는데 혜선 님은 다른 출연자들처럼 안타까워하지 않고 "버텨!" 소리치더라고요. 그때 광원 님 기분은?

광원   좋죠. 응원해 주는데.

혜선   코치 같다고 하던데요. (웃음)

광원   제가 복싱을 3년쯤 했는데, 대회 나가면 다른 친구 여자친구들은 "못 보겠어" 하는데, 얘는 "눕혀!!!! KO!!! KO!!!" 이래요. 근데 사실 이기면 좋잖아요.

혜선   어릴 때부터 잔인하고 자극적인 걸 잘 보고, 좋아했어요. 그래서 그런가 다치는 것에 큰 걱정이 없어요. 물론 지장이 있을 정도로 다치면 걱정이 되겠지만.

광원   저도 같아요. 다치는 걸 두려워하지 않는 편이거든요.

혜선   근데 타이어 드는 미션 때는 보기 좀 힘들더라고요. 너무 절실하게 하니까요. 오빠가 매번 끝까지 최선을 다하는 사람이라는 걸 알고 있으니 할 수 있는 게 응원밖에 없었어요. 제가 또 그런 정도의 모습을 보면서 버티라고 외칠 정도로 로봇은 아닙니다.

결승전에서 아치를 통과했을 때, 울컥했어요. 그 순간 기분은 어떠셨어요?

광원 뭐랄까, 제일 극적이었죠. 다른 미션은 정말 힘만 들었거든요. 그런데 마지막 미션은 감정적으로도 힘들었어요. 쇠사슬을 찬 게 진짜 아팠어요. 혜선이는 고통을 잘 참는 편이거든요. 그걸 아는데, 아파하는 모습을 보니까 너무 힘들었어요. 정말 중간에 그만하고 싶었어요.

혜선 이게 갑자기 당겨지면 참을 수 없는 고통이 오더라고요. 비명이 그냥 나와요. 참지 못하고 티를 내면 오빠도 힘들 텐데, 그럴 수가 없었어요.

광원 1등을 해서 좋았지만 그보다는 혜선이가 아픈 게 미안했어요.

혜선 오빠가 통과하자마자 저한테 "아까 아팠지 미안해" 하더라고요. 울컥했죠.

뭐가 그렇게 미안했나요?

광원 만약 제가 돈이 좀 많았으면, 배우로 성공한 사람이었다면. 물론 추억 쌓으려고 출연하긴지만 통장에 만약 한 290억이 있으면 아치를 통과하지 말자고 할 수도 있잖아요.

혜선 그런데 오빠, 우리가 290억이 있었어도.

광원 근데 너무 아파하면 모르지. 진짜 290억이 있는 상태로 끝까지 가는 거랑은 다르단 말이야. 2억 9천 쟁취하려고 가는 그 모습이 미안했어. 몰라 나는 미안함이 되게 컸어.

많이 애틋하고 울컥하는 장면이었어요. 두 분에게 사랑은 어떤 의미예요?

광원 저희 그 주제로 얘기를 많이 해요. 정리를 해보면 결국 배려와 존중, 그리고 희생.

혜선 희생이 사랑의 제일 높은 단계 같아요. 서로를 위해 희생할 수 있는 마음이 드는 것. 보통은 누가 더 못해줬네 잘해줬네 하며 많이 싸우더라고요. 내가 상대방을 위해 뭘 더 하는 것도 상관없는 사이가 진짜 사랑하는 사이가 아닐까요.

덕분에 자아성찰 중이에요. 그나저나 광원 님은 혜선 님을 "제 인생의 감독님"이라고 표현하던데, 저는 그걸 보고 좀 깔깔 웃었거든요. 아내를 그렇게 표현하는 사람은 처음 봤어요.

광원 저의 부족함을 채워주는 사람이거든요. 혜선이가 원래 영화 연출 전공이기도 한데, 같이 있으면 정말 그런 생각이 들어요. 인생이라는 작품 안에서 혜선이는 감독이라는 롤인 거고, 저는 배우 같은 롤이죠.

혜선 본업이 미술 감독이긴 하지만, 저는 오빠가 잘되도록 평생 서포트를 할 생각이라 인생의 감독이라는 말이 잘 맞는 것 같아요.

혜선 님에게 광원 님이 어떤 존재인지 정의하자면요?

혜선 제 페르소나가 아닐까요? 원래는 오빠 전 여자친구였던 친구가 제 페르소나였거든요. 졸업 작품 주인공이기도 했어요. 오빠는 약간 남자 버전이랄까요. 외모도 제 스타일이고, 다정하고, 똑똑해요. 모든 분야에 관심이 많은 데다 얘기하는 것도 좋아하고요. 학교 다닐 때는 4년 내내 장학금을 받았대요. 뭐든지 열심히 하는 타입인 거죠.

광원 가진 게 없어서요. 열심히라도 해야죠.

혜선 어쨌든 우리는 봉준호와 송강호처럼.

신기한 만남이네요. 두 분은 결혼 후 더 행복해지셨나요?

광원 결혼 전이랑 달라진 건 하나도 없고 저는 원래 ENFP라 하루하루 소소하고 행복하게 살아왔어요. 결혼 전에는 이보다 더 행복할 수 있을까 생각했는데, 결혼하니 더 행복해요.

혜선 그 이유는 가족의 결합인 것 같아요. 양쪽 어른들이 서로 친하세요. 이번 추석도 다 같이 보냈어요. 상견례 때부터 잘 맞는 거예요. 너무 수다를 떨어서 시간이 가는지도 몰랐어요. 시간이 정해진 공간이라 다들 아쉬워했어요.

보통은 가족 간의 결합을 부담스러워 하던데요.

혜선 나랑 잘 맞는 사람의 부모님이니까 서로들 다 잘 맞을 거라는 생각이 있었어요. 그리고 저희가 혼수나 예단을 준비하는 일반적인 결혼을 하지 않았잖아요. 그러니 서로가 날이 서지 않고 대립할 일이 없던 거죠.

광원 그런 것 같아. 답이 거기 있었네요.

몽골 가족 여행 겸 결혼식도 큰 역할을 했을 것 같아요. 가족 분들과 찍은 릴스를 보니 <미드소마> 분위기가 물씬, 아름답더라고요.

혜선 　네 그게 레퍼런스였어요. 몽골은 어딜 가나 감탄이 나오는 곳이에요. 어디에서 해도 예쁠 거라 생각했기 때문에 아무 데나 차를 세우고 장소를 정했어요.

광원 　그리고는 지난 번 여행 갔다가 친해진 현지인 형한테 나무를 구해다 달라고 부탁하고, 슥슥 나무를 잘라서. 후다닥 꾸몄습니다.

혜선 　옷도 쿠팡에서 가족들 걸 몽땅 주문해 갔는데 100만 원도 안 들었어요. 릴스는 그냥 요즘 유행하는 노래가 있어서 맞춰 줘볼까? 했는데 가족들이 너무 즐거워하더라고요.

너무 예쁜 장면이었어요. 직접 꾸민 이 집도 이국적이고 독특해요. 이태원이라는 동네처럼요. 인스타를 보니 두 분 다 이태원을 사랑하시더라고요. 왜 이태원이 좋은가요?

혜선 　원래 제가 사진 입시를 준비했었거든요. 그때 이태원 사진을 찍고 싶더라고요. 이태원에 LGBTQ의 문화가 다 있잖아요. 그런 다양한 문화에 관심이 많았어요. 고등학교 때인가 와서 여기저기 돌아보면서 사진 모델도 여기서 구했고, 특유의 자유로움이 좋아서 대학생이 되면 이태원 옥탑방을 구해 꼭 자취를 해야겠다고 마음먹었어요. 그리고, 그 로망을 이뤘죠. 그렇게 스무 살 때부터 쭉 여기서 살았고, 이곳이 허락하는 한 평생 안 떠나고 싶어요.

광원 　전 경남 창원 사람인데, 사실 예전에는 서울이 좋은지 잘 몰랐어요. 연극할 때는 돈이 없고, 집에 손 벌리기도 싫어서 극장까지 걸어 다녔고, 친구들이랑 국밥에 소주만 마셨어요. 그러다가 혜선이 만나면서 2019년에 처음 이태원에 놀러왔는데 너무 좋더라고요. 남들 시선에서 자유롭고요. 술 마시고 춤추는 걸 좋아하는데, 여기서는 그걸 아무도 신경 안 써요.

두 분은 여행도 좋아하시죠? 둘의 여행 중 가장 기억에 가장 남는 곳은 어디인가요?

혜선 　저는 스위스요. 새롭더라고요. 자연이 장엄한 느낌이어서 신기했고, 현실감도 없었어요. 좋은 호텔도 가보고, 백패킹 장비도 챙겨서 그린델발트 쪽 캠핑장에 갔어요. 시즌이 지난 때라 빈 캠핑장에 둘만 있었고, 별이 되게 많았어요.

광원 　스위스는 물가가 너무 비싸서 마음이 불편해요. 그래서 스위스 여행 두 번 이상 가는 사람들이랑 친하게 지내요. 한 번은 실수로 갈 수 있다고. (웃음) 그리고 자연이 뭐랄까 CG 같았어요. 현수막을 프린트해 놓은 것 같달까요. 멀리 있는 곳이 가깝게 느껴져요.

반면 몽골은 날 것의 자연이 계속 펼쳐지거든요. 차를 타고 다섯 시간을 달려도 같은 뷰.

혜선   맞아, 몽골에 가면 지구가 이렇게 넓구나 느껴져요. 밤에 게르에서 나오면 빛이 아예 없거든요. 거기 서 있으면 다른 행성에 있는 느낌이에요.

두 사람이 자주 가는 이태원 스폿

이태원 언덕 주택가 & 하얏트 호텔 쪽 남산 소월길

끼리를 데리고 주로 산책을 한다. 두 사람의 집 위쪽으로 각 분야 최고들이 사는 부촌이 형성되어 있는데, 그곳을 걸으며 인생의 모티베이션을 받기도. 소월길은 서울이 한눈에 내려다보여 풍경이 좋다.

이태원 잭스바

두 사람이 다시 처음 만나 놀면서 사랑을 키운 곳. 규모가 크고 술 종류도 다양하지만 음식도 가성비가 좋고 맛있다. 포켓다이나 다트게임도 마련되어 있어 즐기기 좋다.

길버거 & 케밥집

클럽에 드나들다 배를 채우기 좋은 두 집. 이태원의 자유로운 스트릿 분위기는 아마 여기서 나오지 않을까.

노지 캠핑도 많이 하신다면서요. 커플에게 추천할 만한 곳은 어디예요?

광원   일반 커플이 노지 캠핑을 하면.

혜선   싸울 확률이 크지?

광원   아무래도? 화장실도 제대로 안 되어 있어서요. 저희는 그런 건 전혀 상관없거든요.

혜선   굴업도는 정말 좋기는 해요. 한국의 갈라파고스라는 수식어가 있을 정도고, 사승봉도라는 무인도도 이국적인 뷰라 좋아요. 거기서 <솔로지옥>을 찍었더라고요.

광원   하지만 굴업도가 우리나라에서는 좀처럼 만날 수 없는 판타스틱한 뷰라 더 추천해요. 꼭 한 번 가보세요.

혜선   근데 거기 가려면 1시간 산행을 해야 하는데, 그건 주의할 점이네요. 싸울 수 있습니다.

여행에서 이건 꼭 하고 온다 하는 게 있나요?

광원 대부분 먹어요. 계속 먹죠. 맛있는 거에 술을 곁들이는. 둘 다 어디를 가든 현지 음식 먹는 걸 좋아하고요.

혜선 저는 사실 여행의 목적이 먹는 거라고 생각해요. 부모님이 맞벌이를 하셔서 어릴 때부터 혼자 식당에 가서 밥도 잘 먹거든요.

광원 일본 여행을 같이 갔어요. 저는 돌아가면 촬영이 있어서 혼자 복싱하러 갔는데, 그 사이 혜선이 혼자 게 코스요리점 가서 33만 원 어치를 먹고 왔더라고요.

혜선 제가 먹는 거에 비해 살이 안 찌는 편이에요.

광원 말랐죠. 되게 말랐어요.

아직 신혼여행을 안 가셨다면서요. 둘이 꼭 가보고 싶은 곳이 있나요?

혜선 로타섬이요. 사이판이랑 괌 사이에 있는 섬인데, 진짜 예쁜 곳이거든요. 로타블루라는 색이 그곳 바다에서 비롯된 말이에요. 저는 전 남자친구랑, 오빠는 전 여자친구랑 다녀왔어요.

광원 둘이 가면 유니버스 완성이죠. 엔드게임 같은?

혜선 스위스가 신혼여행 같았기 때문에 따로 신혼여행이라고 정하고 가려고 하지는 않아요.

광원 해왔던 대로 둘이 그냥 계속 여행하려고요.

두 분 같이 유튜브 채널을 만드실 거라는 얘기를 봤어요. 합작품을 만들 준비를 하시는 건가요?

혜선 이옥섭, 구교환 두 분 다 영화과 선배님이신데, 되게 좋아해요. 저희도 그분들처럼 하고 싶다는 생각은 하고 있어요. 아트디렉터로 일하지만 영화 연출도 하고 싶거든요. 제가 좋아하는 장르로 오빠 비주얼을 잘 담아서 짧은 영상들을 올리고 싶다는 생각만 하고 있습니다.

광원 현재 더 먼저 기획하고 있는 건 캠핑 유튜브 채널이에요. 찍어 놓은 영상은 많은데, 편집을 못하고 있어요.

이제 다른 곳 어디에서 또 두 분을 볼 수 있나요?

혜선   우선 저는 계속 뮤직비디오 아트디렉팅을 하며 본업을 이어갈 거고요. 유튜브 콘텐츠 쪽에서 제안이 와서 그걸 같이 할 것 같아요.

광원   저는 얘기하고 있는 회사도 있고, 드라마가 있어요.

혜선   오빠 작품이 많이 들어왔으면 좋겠어요. 몸도 잘 쓰고 하니 액션물도 좋을 것 같고요. 올 연말이 좀 중요한 것 같아서 제가 오빠 서포트를 좀 더 잘 해보려고 생각하고 있어요.

같이 일도 일상도 합을 맞추는 관계가 참 바르고 건강해보여요.

광원   어쨌든 서로 좋은 방향으로 나아가기를 원하면 되는 것 같아요.

혜선   바른 건 모르겠고, 건강합니다.

둘만의 문장	" 꼬꼬마와 뚱보, 그들을 이길 자가 없었다. "
혜선 & 광원의 에필로그	**혜선** 편의점 알바하면서 바른생각을 알게 됐는데, 이름 자체가 새롭더라고요. 청소년들도 당당하게 살 수 있는 좋은 네이밍이라고 생각했어요. 오늘 인터뷰를 하고 나니, 연인 간의 건강한 관계를 지향하는 브랜드구나 느꼈어요. 제 얘기하는 거 좋아하는데 재밌었고요.
	광원 바른생각이 웬 매거진을 만들지? 했는데, 커플들에게 어떤 영향을 주고 싶은지 알 것 같아요. 건강한 연인들의 이야기를 들려준다는 점에서 저희 둘을 참 잘 섭외하셨다 생각했습니다. (웃음) 즐거웠어요.

여행의 물건	**술** 맛있는 음식에 곁들이고, 노곤노곤 잠을 청하기 위해
	귀마개와 안대 잠귀가 밝고, 예민하므로
	모모야 라유소스 여행에 매콤한 감칠맛을 더해 줄 마늘 고추 기름

Hyejung Yang & Jaehyun Park

한 그루의 나무,
하나의 꿈을 키워가는 두 사람

"중요한 건, 자신이 어떤 사람이냐가 아니라, 어떤 사람이 아니냐인 것이다. 서두르지 않을 것. 손을 써서 일할 것. 그리고 하루하루의 즐거움을, 한 그루 자신의 나무와 함께할 것."
— 오사다 히로시의 시 「선물」 중에서…

양혜정 도예가, 카페지기 @kokdu_yang
박재현 금속공예가, 카페지기 @jaehyun_park_____

오사다 히로시의 산문시집 『심호흡의 필요』는 일상의 아름다움을 되돌아보게 한다. 구절 구절 어찌나 간지러운지 읽다 보면 그 포근한 느낌 덕분에 단잠에 빠질 것 같다. 공예작가 양혜정, 박재현 부부의 이야기도 그렇다. 그들이 원하는 삶은 명확하고 단순하다. 그곳에는 늘 푸르름과 아름다움이 함께한다. 무엇보다 인상 깊었던 지점, 두 사람은 서로의 밝기를 훼손하지 않은 채 같은 속도로 걸어간다. 그 모습을 보면 사랑에서 닮음과 다름은 중요한 문제가 아닐 거라는 안도감이 든다. 이들처럼 있는 모습 그대로를 받아들이면 어느샌가 투명한 서로를 마주하게 될지도. 꿈 하나에 포개진 두 사람.

느릿느릿, 우리의 삶이
여행이 될 때

부여는 정말 고즈넉하네요. 두 분 다 여기가 고향은 아니시죠?

재현　네, 저는 경기도 안산이고…

혜정　저는 부산이요. 근데 이제는 고향보다 더 오래 산 느낌이에요. 학교(한국전통문화
대학교)에 입학한 2010년부터 여기 살았거든요.

두 분은 대학 때 캠퍼스 커플이었죠?

세인　네. 둘 다 전통미술공예학과 10학번이에요. 제가 삼수 해서 학교에 늦게 들어가는
바람에…

혜정　원래 나이로는 08학번이어야 하고, 저는 2월생이어서 한 해 빠르게 들어가서 열아
홉 살에 부여에 왔어요.

어? 두 분은 각자 다른 소재로 작업하지 않나요?

재현　아, 네. 1학년 때는 공통으로 수업을 듣고 2학년 때 전공이 나뉘거든요.

혜정　저는 도자, 여기(재현)는 조각.

재현　1학년 때는 모든 과목을 골고루 듣고 체험도 같이 해요. 그러고 나서 자기에게 제
일 잘 맞는 분야를 고르는 거예요.

혜정　미술공예학과 정원이 거의 40명이고 거기서 다섯 전공으로 나뉘는데, 남자 동기
한두 명 군대 가면 거의 여섯 명 정도만 남아요. 거의 다 기숙사 생활이니까 서로 안 친할
수가 없죠.

그럼 혹시 영화처럼 첫눈에 반하신 건가요?

혜정　아뇨, 그런 건 아니고. 같이 작업하다가. (쑥스러운 듯) 제 과제 좀 도와주고 그러다가 만났어요.

재현　저는 술을 못 해요. 근데 처음 봤을 때 혜정이는 뭐랄까.

혜정　제가 술을 너무 많이 먹어서 '저걸 누가 데려갈까?' 생각했대요. (웃음)

재현　글쎄, 그게 저였더라고요.

누가 먼저 사귀자고 했어요?

재현　사귀자고는 제가 했어요. 작업할 때 둘 다 손이 빠른 편이고, 말도 잘 통했거든요. 자연스럽게 붙어 다니다 보니까 어느 날 관계를 좀 확실히 해야겠다는 생각이 들더라고요. 그때가 그러니까 썸 타는 시기였겠죠? "난 이런 관계가 싫다. 확실히 하자. 사귈래, 말래?" 그랬더니 얘가 울면서 뛰쳐나갔어요.

혜정　아니, 나는 지금도 좋은데 왜 꼭 정해야 하는지.

재현　그래서 한 일주일 정도 제가 매몰차게 대했다고 하더라고요, 친구 얘기 들어보니까. 옆에 있는데 인사도 안 하고 지나가고. 오래된 일이라 까먹었는데, 나름 밀당을 한 거였더라고요, 제가. 아무튼 그러고 나서 일주일 뒤에 혜정이가 사귀자고 얘기를 해줬죠.

결혼도 일찍 하셨어요. 혜정 씨가 스물다섯일 때죠? 그렇게 일찍 확신이 들었나요?

재현　네, 일찍 했죠. 혜정이가 스물다섯, 제가 스물여덟.

혜정　저희가 사실 대학교 4학년 때부터 동거했어요. 부모님 동의 하에. '동거'를 계획했던 건 아닌데, 그때 제 동생이 가출하는 바람에. (웃음) 사춘기로 좀 삐딱해져서 "언니랑 살고 싶다"고 해서 부여로 전학까지 왔거든요. 그러니까 아빠가 "여자 둘이 살면 위험하다. 너희들 오래 만났으니 같이 좀 살아줘라" 이렇게 된 거예요.

재현　네, 그래서 정말 자연스럽게 같이 살게 됐어요. 한 4년 정도? 동거했죠.

동생이랑 셋이 같이, 그건 약간 동거라기보다…

혜정　맞아요. 그때부터 뭔가 가족이 된 기분이에요.

재현　그래서 제가 여동생이 있는데도, 처제랑 더 친해요.

혜정 둘이 방귀도 트고, 장난 아니에요. (웃음)

재현 아니, 처제랑 입맛도 잘 맞아서. 음식 관련해서는 혜정이보다 처제랑 더 잘 맞아요. 둘 다 약간 초딩 입맛이라고 해야 하나?

혜정 뭐, 그러다가. 결혼도 딱히 생각이 없었는데, 아빠가 "너희 계속 이렇게 동거만 할 거냐"고 해서.

재현 아니지, 그게 아니야. 이거는 혜정이 입장이고, 제 입장은 달랐어요. 그때 대학원 입시 결정을 앞두고 있었거든요. 그때 제가 생각하고 있는 대학원이 안산에 있어서 부여에서 출퇴근하거나 아니면 가까이에서 자취해야 하는 상황이었어요. 그런데 그렇게 되면 관계가 모호해질 수 있잖아요. 당시 아는 형, 누나가 결혼한 지 1년쯤 됐었는데, 어느 날 술 마시면서 얘기하다가 그 형이 그러더라고요. "너 지금 아니면 결혼 못 한다?" 순간 머리가 번쩍했죠. 한 3주 정도? 프로포즈 준비하고 먼저 장인어른께 말씀드렸어요.

혜정 이거 맨날 기억이 달라. 저는 아빠가 "결혼해!"라고 해서.

3주나 준비한 프로포즈라니, 정말 감동이었겠어요.

혜정 근데 뭐. 별것 없었어요. (웃음)

재현 제가 하도 덜렁거려서 깜짝 이벤트를 한 번도 성공한 적이 없어요. 유일하게 성공한 이벤트가 프로포즈였어요.

혜정 아, 그렇네? 생일 때도 저 놀라게 해준다고 밥 다 차려놓고 현관문 앞에 폭죽 떨어뜨리고, 그래서 제가 그 폭죽 터트리며 들어가고. 그런 적이 정말 많았어요. 선물 침대 밑에 숨겨두면 제가 청소하다가 줍고.

재현 그래서 이번에는 진짜 치밀하게 준비해야겠다 싶어서 영상도 처음 찍어보고, 그랬어요. 근데. 정말 그거 말고는 딱히 없었어요. (웃음)

그때부터 지금까지 14년 동안 부여에 사셨으면 추억의 장소도 정말 많겠어요.

혜정 네, 맞아요! 특히 저희는 홍산객사(충청남도 유형문화재, 부여군 홍산면) 진짜 좋아하거든요? 매년 가을 되면 김밥 싸 가서 은행나무 구경하고 커피 마시다 오고 그래요. 거기 은행나무 다섯 그루인가? 엄청나게 큰 보호수들이 있거든요.

재현 거기가 그러니까 조선시대 관료들이 오고 갈 때 묵었던 숙소예요.

혜정 그리고 여기(재현)가 가을을 좋아해요. 은행잎 보고 이런 거.

재현　가을을 좋아하더라고요, 제가. (웃음) 작년쯤 제가 그 사실을 인식하기 시작했어요.

혜정　어느 날 갑자기 "나 가을을 좋아하는 것 같아!" 그러기에, "응, 너 원래 가을 좋아했는데? 그래서 가을옷도 많고 옷도 거의 다 가을 색깔이야"라고 말해줬어요. 바보예요, 바보. 자기가 가을 좋아하는지도 모르고. (웃음) 아무튼 거기 정말 예뻐요.

데이트하기 좋은 부여 속 숨은 장소

주암리 은행나무　수령 800여 년이 된 은행나무가 있는 마을(부여군 내산면 주암리)로 나무는 천연기념물 제320호로 지정됐다. 은행잎이 노랗게 물들었을 때 가면 멋진 사진도 남길 수 있다.

반교마을　부여군 외산면 반교리에 있으며 마을 전체가 돌담으로 길게 이어진 모습이 눈길을 사로잡는다. 전 문화재청장 유홍준 교수의 부여집 '휴휴당'도 이 마을에 있다.

두 분은 자연에도 관심이 많으시죠?

혜정　너무 좋아해요, 자연을.

재현　자연 좋아하는데, 저는 기계도 되게 좋아해요.

혜정　저는 사실 뭐가 좋다! 이런 건 딱히 없어요, 자연 말고는. 특출나게 좋은 건 아니고, 남들이 "이거 좋다?" 이러면 "오~ 그러네, 좋네!" 이러는 편?

재현　저는 관심사가 정말 많아요. 가구도 좋아하고, 시계, 자동차, 카메라. 잘 다루는 건 아닌데도 다 갖고 싶어요. 기타, 자전거.

두 분이 각자 다루는 소재와도 닮은 것 같아요. 혜정 님은 흙, 재현 님은 금속.

재현　어, 맞아요!

혜정　그래서 모났어요, 여기는. (웃음)

재현　금속 공예가들이 진짜 성격이 완전 괴팍하고 예민해요. 흙은 작업하다 망치면 기계에 넣고 재생할 수가 있어요, 굽기 전이라면. 근데 금속은 잘못 자르면 무조건 다시 작업해야 하는 거예요. 재룟값도 비싸고. 그러니까 작업할 때 되게 예민해져요. 근데 또 저는 친한

친구들, 어울리는 친구들은 다 도예를 해요. 다들 둥글둥글하고 유하고 그러다 보니까 편하더라고요.

혜정　작업할 때도 저는 즉흥적인 스타일을 되게 좋아하거든요. 흙은 유연해서 충분히 내가 그렇게 만들 수 있는데, 여기(재현)는 그럴 수 없는 작업이니까. 보면 작업할 작품 틀을 종이로 완전 똑같이 만들어서 구현한 다음에 본 작업에 들어가더라고요. 시뮬레이션할 때조차 예민해요. (웃음)

재현　저는 원래 작업 스타일이 그림을 그리고 또 그걸 종이나 다른 재료로 모델링하고, 그게 완성도가 높으면 이제 금속으로 만들거든요. 근데 요즘은 좀 다르게 작업하고 있어요. 혜정이가 도자기 작업하듯이, 저도 금속에 바로 그려서 해보고 있어요. 예를 들면 버터나이프 모양을 균일하게 하지 않고 자유롭게 만드는 거예요. 그래서 요즘은 버터나이프, 스푼 이런 것들이 똑같은 게 하나도 없어요.

그렇게 바뀐 특별한 계기가 있었나요?

재현　한동안 작업을 안 하고 싶었던 시기가 있었어요. 그래서 '어떡하지?' 고민할 때 혜정이가 "내가 그린대로 해봐" 해서 시도해 봤어요. 어? 다 똑같을 필요가 없네? 다 달라도 재미있고 이게 더 나다운데? 그다음부터는 좀 자유로워졌어요.

혜정　근데 그것도 일부 작업만이에요. 작은 소품 같은 것들. 냄비류는 뭐, 동그라미가 조금만 찌그러져도 큰일 나요. (웃음)

서로 정말 잘 맞나봐요.

재현　음. 너무 오래 같이 지내서 그런지 안 맞는 부분이 딱히 없어요. 좋아하는 것도 비슷하고, 또 혜정이가 성격이 워낙 둥글둥글해서.

혜정　그러게요. 지금까지 크게 힘든 부분이 없었어요. 자연스럽게 저에게 맞춰진다고 해야 할까요? 힘들었을 때는 저희가 잠깐 주말부부로 지냈어요, 한 2년 정도?

재현　제가 대학원 때문에 월요일 새벽 6시쯤 안산으로 올라가고, 금요일 저녁 6시쯤에 내려오고. 그랬거든요.

혜정　맞다, 그때 동네에 좀 안 좋은 사건이 있었어요. 그 일로 집에 경찰도 다녀가고. 뭔가 항상 같이 있던 사람이 없어지니까 무섭더라고요. 당시 살던 집이 또 개방적인 공간이어서 인기척만 좀 느껴져도 놀라고 그랬어요.

재현 　주말부부 1년쯤 되니까 '와, 이거 힘들어서, 못 하겠다!' 그런 마음이 들더라고요. 우리가 평소 정말 친한 사이였구나, 새삼 생각했죠.

혜정 　그래서 사실 24시간 붙어 지내도, 항상 재미있고 좋아요. 집에서 각자 할 일을 할 때도 잠깐씩 있지만, 그러다가도 서로 얘기하고 웃고 하거든요. 한 공간에 있는 게 자체가 너무 좋아요.

졸업하고 결혼하면 상황이 좀 달라지잖아요. 소도시라 일자리 문제도 있었을 텐데, 정착이 어렵지는 않았나요?

혜정 　결혼하고 박재(재현)는 바로 대학원에 가고, 저는 학교에서 2년 정도 조교로 일했어요. 그다음에 작업실을 차렸어요. 도에 교실을 열어서 수업하러 오는 아이들도 좀 있어서 돈은 어느 정도 벌었거든요. 근데 정신적 스트레스가 좀 크더라고요. 아이들이 만들 수 있는 물건은 한정적인데, 엄마들의 이상은 그렇지 않은 거예요. 너무 높은 완성도를 바라니까 이어가기가 쉽지 않더라고요. 그래서 그만두고 조교를 1년 더 했어요.

재현 　저는 그런 면에서 정말 현실적이지 못했던 게, 나는 작업하는 사람이고 직업이 금속공예가인데, 무슨 다른 직업을 갖고 다른 일을 하냐, 이렇게 생각했어요. 그래서 큰 고민 없이 대학원에 가고 벌이에 대해서는 딱히.

혜정 　경제관념이 없어요, 여기는.

재현 　네, 제가 부동산은 좋아하는데, 진짜 경제관념이 없어요. 심지어 카페에서 계산할 때 손님이 현금 주면.

혜정 　잔돈 거슬러줄 줄 몰라. 그 정도도 좀 셈이 빠르질 못해요. 저는 어릴 때부터 저금하는 습관이 있었고, 통장에 돈 쌓이는 걸 보는 게 너무 좋거든요.

재현 　잠깐, 지금 그 얘기가 아니잖아. (웃음) 아무튼 그래서 어차피 난 부여가 좋으니까, 도시로 나갈 필요 없이 여기서 저렴한 집 구해서 살면서 작업해야지, 그렇게 생각했어요. 그런데 작업하면 할수록 돈이 안 벌리는 거예요. 도자기는 그래도 소소하게 팔리는데, 금속공예품은 정말 안 팔려요. 비싸기도 하고. 거기서 이제 현실을 직시했죠. "어, 이제 어떻게 살아야 하지? 어떡하지?" 그때부터 이런 고민을 시작했어요.

그때가 결혼한 뒤였죠?

재현 　네, 결혼하고 1년 정도? 그때 우연한 기회로 지금 카페에서 아르바이트를 시작했어요. 평일에는 대학원 생활하고, 주말에 부여 내려와서 아르바이트하고.

혜정   알바도 사실, 돈 벌려고 한 게 아니에요. 결혼했으면 돈을 모아야 한다, 그런 게 아니고, 그때 자기가 사고 싶은 기계가 있었어요. 그런데 돈이 없는 거야. 그래서 제가 빌려줬거든요? 그거 갚는다고.

재현   (웃음) 네, 맞아요. 1년 동안 그거 갚느라고. 지금 생각하면 정말 한심하지만, 그때까지 돈을 모은 적이 없고 돈을 모았다고 하면 언제나 목표가 있었던 거예요.

혜정   기타 사고, 기계 사고.

재현   기타는 한 대밖에 안 샀다. (웃음) 그래도 그 덕분에 공예하는 다른 친구들보다 장비는 빨리 갖췄어요.

혜정   맞아요, 그 덕분에 진짜. 그래도 이제 괜찮아요. 경제관념이 좀 생기셔서.

재현   아무튼 그렇게 알바하다가, 나중에 카페 대표님이 "여기(카페 앤 스테이 G340) 너희가 운영해 볼래?" 이렇게 제안 주셔서 일한 지 한 5년 됐어요.

들을수록 확실히 도시보다 시골의 삶이 두 분께 더 잘 맞는 느낌이에요. 특별히 추구하는 가치가 있나요?

혜정   음. 저는 적게 벌고 행복하게 사는 것? 저희가 가게도 4일만 열거든요. 그러면 주변에서 많이들 물어봐요. 장사 그렇게 해도 되냐고. 근데 저는 몸이 힘들게 일하는 것도 싫고, 내가 벌 만큼 벌면서 행복한 게 항상 우선인 사람이거든요. 그래서 작업(도예)으로 돈을 많이 벌길 원하지도 않아요. 작업은 제가 너무 좋아하는 일이어서 늙을 때까지 행복하게 하고 싶은 거지, 이걸 돈으로 보면 너무 스트레스잖아요.

재현   저도 비슷해요. 저는 균형이 더 중요하다고 생각하는 편이거든요. 결국은 파이프라인을 여러 개 두는 거예요.

혜정   맞아요. 저희 사실 돈 버는 방법이 이것도 하고, 저것도 하고, 주식도 하고, 작업도 하고. 이것저것 다 하고 있어서. (웃음)

재현   뭐 그러다, 하나라도 터지면 좋은데, 안 터져도 괜찮아요. 이쪽에서 손해가 나면 저쪽에서 좀 메꿔주고, 이런 식으로 균형을 잡아가는 거예요.

혜정   그래서 4일 일하고 3일 행복하게 놀면서 작업하고!

자연과 문화가 어우러진 멋진 공간들

국립김해박물관   김해시 구산동에 위치한 국립박물관으로, 건물 전체를 검은 벽돌로 쌓아 올려 내실 있는 느낌이 든다. 가야 문화를 알리기 위해 건립된 고고학 전문 박물관.

온양민속박물관   아름다운 숲과 단정하게 관리된 정원, 그리고 그 속에 민속박물관(충남 아산)이 숨어있다. 야외 전시장에 놓인 귀여운 석조상도 하나같이 귀엽다. 녹음이 짙은 계절에 잘 어울리는 공간.

국립생태원   서천군 소재. 세계 열대지역과 사막지대, 온대, 극지방 등 5개 기후 특성에 맞는 식물과 동물을 전시하고 있으며, 최재천 이화여대 석좌교수가 초대 원장을 지냈다. 걷기 좋고 볼거리도, 생각할 거리도 많은 공간.

쉬는 날에는 보통 뭘 하세요?

혜정 저희가 작년에 집을 샀거든요. 그러니까 심적으로 안정감이 많이 들더라고요. 그래서 그런지 뭔가 집에 있는 시간이 정말 많아졌어요.

재현 어, 맞아요. 현실적인 안정이라고 할 수도 있는데, 그게 참 좋더라고요. 뭘 계획하더라도 좀 여유를 갖고 생각하게 되고.

혜정 저희가 또 집 고치고 인테리어하고 이런 거 좋아하거든요. 그래서 지금 2층 다락을 직접 수리하면서 짓고 있어요. 나중에는 집 옆에 작업실도 지어 보려고요. 어디 안 나가고 집 안에서 다 해결하고 살려고요. (웃음)

재현 집에서 농사도 짓고 있어요. 마당에 작은 텃밭이 있어서 나름 자급자족하거든요.

혜정 그래서 집에서도 되게 바빠요. (웃음) 맨날 풀 뜯고 새벽에 서치라이트 켜고 또 잡초 뽑고.

재현 누가 보면 힘들겠다고 생각할 수도 있는데, 솔직히 저희는 일하면서 받은 스트레스를 집안일 하면서 그냥 푸는 것 같아요.

그러면 나중에는 집과 작업실을 중심으로 생활하고 싶으신 거예요?

재현 집과 작업실과 게스트하우스. 저희는 나중에 카페를 그만두면 작업실 옆에 게스트하우스 지어서 운영하고 싶거든요. 카페랑 다르게, 손님 만나는 빈도는 적당한데, 더 깊이 만날 수 있잖아요.

혜정 지금 카페랑 같이 운영하는 게스트하우스는 항상 제가 체크인을 돕거든요? 그때 손님들이랑 스몰 토크 나누는 거 되게 좋아해요, 저는. 자연스럽게 손님들한테 여행지 추천도 해주고, 또 어떤 성향인지 잘 느껴지는 분들이 있어요. 예를 들어 사진 찍기 좋아하는 사람이다? 그러면 촬영하기 좋은 장소 알려주고, 코로나 때는 특히 "신혼여행으로 왔어요" 하는 분들 있었거든요. 그러면 하트 풍선 같은 걸로 이벤트도 준비하고. 저는 여행 하는 것도 좋아하지만, 여행 온 사람들이 행복하는 모습 보는 것도 너무 좋아요.

재현 맞아, 그런 것도 있어요. 만약 친구들이랑 우리 집에 모여서 파티하거나 놀거나 하잖아요? 근데 막상 친구들이 오면 좋긴 좋은데, 막 그렇게 신나지는 않거든요. 알고 봤더니 저희는 준비하는 과정이 즐거운 거예요. 방 청소하고 음식 준비하고. 게스트하우스도 그렇잖아요. 손님 오기를 기다리면서 준비하고 그분들이 "와~ 좋다!" 이렇게 말해주면? 이제 그때부터는 손님들은 알아서 시간 보내고 저희도 저희대로 일이 끝나고. '아, 그게 좋겠구나!' 했죠.

혜정   여행 온 분들이 가면서 "고맙다" "너무 즐거운 여행이었다"는 말을 정말 많이 해주거든요? 저는 그 말이 그렇게 좋더라고요.

두 분이 꿈꾸시는 게스트하우스, 궁금하네요. 구상하고 있는 게 있다면 들려주세요.

재현   아, 음. 저희가 일하는 카페 보시면 알겠지만, 여기는 대표님이 안목이 있으셔서 정말 좋은 물건들이 많아요. 디자이너 가구들이나 빈티지 소품. 너무 매력적인 공간이지만.

혜정   저희는, 소박하더라도 저희 둘이 직접 만든 생활 공예품이나 소품들로 그 공간을 꾸며보고 싶어요.

재현   건축가 윌리엄 모리스, 아시죠? 그분이 만든 빨간 벽돌집(레드 하우스)이 있잖아요. 학교 다닐 때 배웠는데, 그 집은 외관이나 정원, 내부 인테리어 디자인이나 가구, 소품 이런 게 소박하고 따뜻하대요. 그런 공간이면 좋겠어요.

여행 얘기 나온 김에 두 분 여행 스타일도 한번 들어볼까요?

혜정   저희는 일단 계획을 다 짜야 해요. 여행 가면 그 지역의 박물관, 미술관은 무조건 다 가야 하거든요. 그 지역 거리 보는 거도 좋아하고. 그래서 여행 가면 거의 하루 4만 보씩 걸어요. 도보 여행.

재현   접이식 자전거도 거의 챙겨가요. 그래서 자전거 전용 도로 찾아서 다니기도 하고. 사람들이 흔히 힙하다고 하는 곳은 잘 안 가는 것 같아요. 잘 모르기도 하고. 사람 많은 곳 일단 안 좋아해요.

혜정   요즘은 맛있는 밥집, 예쁜 카페 가서 사진 찍고. 이런 게 좀 필수 코스잖아요. 어느 순간 '왜 다들 그렇게 여행하는 거지? 이상하다' 그런 생각이 드는 거예요. 남들한테 보여주려고 데이트하고 여행하는 것 같잖아요.

재현   저도 그게 좀 싫더라고요. 여행 코스마저 공산품이 돼버린 것 같아서. 여행은 둘이 재밌으면 되는 거고, 자기 행복 찾으려고 하는 건데.

그렇다면 두 분이 이상적이라고 생각하는 데이트는?

혜정   둘이 대화를 많이 하는 것? 그게 진짜 데이트 같아요. 특별히 뭔가를 하거나 좋은 곳에 가야만 데이트는 아니라는 거죠. 저희가 잘 안 싸우는 것도 어쩌면 대화를 많이 해서 인 것 같아요. 얘기할 수 있는 시간이 많고, 주변 걷거나 산책하면서도 또 수다 떨고.

재현 오히려 데이트다운 데이트를 해야 한다고 생각하고, 그 시간을 채우려 하니까 스트레스가 되는 것 아닐까요? 좀 쉬고 싶은데, 여자친구는 "어디, 어디 가자" 이러면 그 관계에서 압박감이 느껴질 것 같아요, 저는. 그냥 동네 어디든 가볍게 걸으면서 얘기하고, 맛있는 밥도 같이 먹고.

혜정 맞아요. 그렇게 둘이 재미있으면 그게 데이트죠, 뭐.

오늘의 결론, 사랑하는 관계에서 대화가 가장 중요하다는 거네요?

재현 저희 부모님 세대는 아빠는 일하러 나가고, 엄마는 집에 있고. 또 아빠는 일하고 돌아왔다고 TV만 보고, 엄마는 혼자 집안일 다하고. 대체로 이랬잖아요. 그러다 보면 부부가 둘만 있는 시간이 너무 없고, 대화도 점점 줄어들고, 서로 숨기는 부분도 많아지고. 괜히 자식들한테만 얘기하고요. 어릴 때부터 저는 그런 모습을 보면서 "부부인데 왜 저러지?" 했거든요. 그게 너무 싫었어요.

혜정 저도 공감해요. 같이 오랜 시간 연애했어도, 결혼하고 나니까 또 조금 다른 느낌이더라고요. 하나도 숨김없이 얘기할 수 있는 사이가 되었다는 게 진짜 좋았어요. 비밀이 없는 사이. 사소한 스트레스도 서로 말하면 받아주고, 그러면 또 기분이 풀리고.

재현 아직도 가부장적인 부분이 가정마다 크고 작게 있겠지만, 어릴 때 저는 그게 참 의문이었어요. 집안일은 부부가 같이하는 게 맞지, 무슨 고민이 있으면 당연히 서로 같이 해결해야지. 그게 내 문제든 내 부모 혹은 아내 부모나 형제라도. 설령 어디가 크게 아프더라도 "나 아픈데, 좀 도와줘." 이렇게 할 수 있는 게 부부잖아요. 혜정이도 저랑 같은 생각이니까, 그게 너무 좋죠.

"천천히 걸어가네"

혜정 & 재현의   **혜정** 바른생각은 콘돔 브랜드로만 알고 있었는데, 이번 인터뷰를 기회로 브랜
에필로그   드를 더 알아보게 됐어요. 다양한 제품, 콘텐츠들이 있어서 놀랐고요. 앞
                    으로 더 관심을 기울이게 되지 싶어요.

                   재현 저도요. 재미있는 상품들이 많아서 흥미로웠어요. 처음에는 인터뷰라고
                    해서 좀 긴장했는데, 재밌게 수다를 떤 기분이에요. 사진 촬영도 생각보
                    다 다양한 콘셉트로 찍어서 저희 부부에게 특별한 경험이었습니다.

여행의 물건   **일회용 카메라** 서로 또 같이 사진을 찍고, 인화해 액자에 끼워두기 위해
                  접이식 자전거 여행지 곳곳을 돌아다닐 때 꼭 필요한 이동 수단
                  텀블러 공간에 앉아 있기보다 걷는 편인데, 좋아하는 커피는 마셔야 하므로
                  백팩 & 땀수건 뚜벅이 여행자에게 가장 실용적인 소품 두 개

Jiyeon Kim &
Changseob Park

가꾼다, 서로를
피워낸다, 사랑을

우리가 사랑하는 것은
시간이 담긴 것,
손으로 만든 것,
우리가 만든 것.

— 정광하, 오남도의 에세이 『시골살이, 오늘도 균형』 중에서…

김지연 핀다담 대표 @finda_dam
박창섭 핀다아쿠아포닉스 대표 @findaaqua

도시는 숨가쁘게 변하고, 교차한다. 수많은 젊음들이 남들처럼 살아가기 위해 이 도시를 견뎌낸다. 거기에 좀 더 다른 선택을 한다는 건 큰 용기가 필요하다. 어쩌면 무모한 도전이라, 격려보다는 의아한 시선이 쏟아진다. 20대의 나이에 이 도시를 떠나 귀농이라는 남다른 선택을 했다는 그들의 이야기가 너무 특별하게 다가왔다. 남다른 삶의 철학이 있을까. 거창한 이유들을 기대했던 것도 사실이다. 그러나 박창섭, 김지연 두 사람은 굳이 특별해 보이려 포장하려 하지 않는다. 그저 자연스럽게, 우리만의 행복을 찾아 자신들의 삶을 주도적으로 함께 가꾸고 싶어했다. 한 사람만을 위해서가 아니라 서로를 위해. 함께라서 충분히, 서로가 서로의 자양분이 되어 한 뼘 자란 사랑으로 깊게 뿌리를 내리고 건강한 잎을 피워내는 것 같았다.

건강한 공존은
나답게, 우리를 지켜가는 것

예쁜 시밀러룩을 입고 오셨네요. 명함에 있는 일러스트에는 손을 꼭 잡고 계시고요. 처음 두 분을 봤을 때 참 닮았다는 생각이 들었어요. 똑 떨어지게 어떤 부분이 닮았다기보다 결이 비슷하다고 할까요.

지연 저희 그런 얘기 많이 들어요. 어떤 분은 남매 아니냐고 묻기도 해요.

창섭 정말 그렇게 보이나 봐요? 성향이 비슷해서 그런 느낌이 나는 것일 수도 있겠네요. 아니면 농사를 지으며 하루 종일 붙어 있어서 닮아가는 것일지도 모르겠어요.

지연 정말 그래요. 싸울 일도 별로 없어요.

처음부터 성향이 비슷하다고 느꼈어요? 대개 두 종류의 만남이 있잖아요. 어떤 사람들은 비슷한 사람에게 끌리고, 또 다른 사람들은 다른 점이 좋아 끌리고.

지연 그냥 자연스러웠죠. 사실 한눈에 반해서 만난 건 아니었어요.

창섭 제가 이상형은 아니었대요. (웃음) 저도 뭐. 지금은 귀농을 했지만 저희는 제과 제빵 분야에 종사했었거든요. 한 교육 과정에서 둘 다 교육생으로 만났어요. 제가 군대에서 갓 제대했을 때였고 이 친구는 사회 초년생이었어요.

지연 같이 교육을 듣는 그냥 선후배 사이였어요. 과정도 짧아서 한 2~3개월? 교육을 마치고서는 그냥 아는 선배로 종종 얼굴을 보곤 했어요. 각자 직장도 다니고 있었고요. 사귀었을 때가 그렇게 알고 지낸 지 1년 정도가 지나서였어요.

창섭 꽤 오래 걸렸네.

그냥 아는 사이에서 가까운 사이로, 어떤 계기가 있었어요?

지연   음, 특별한 이벤트처럼 짠 하고 반하게 된 계기는 없었어요. 1년을 보다 보니 참 성실한 모습이 눈에 들어오더라고요. 늘 얘기하지만 외모 때문은 아니었어요! (단호)

창섭   저는 지연이가 잘 챙기는 모습? 저보다 나이도 어린데 사소한 것 하나도 저를 좀 챙겨주더라고요. 그 모습에 고백했어요. 거창한 건 아니고, 뭐 좋은 인연이 됐으면 좋겠다, 만나볼래? 이 정도로 담백했던 것 같아요. 제가 워낙 감정 표현을 잘 못해서 지금도 그렇지만 이벤트나 고백이나 이런 데 되게 약해요.

그래도 지연 님은 설레셨죠? 고백할 것 같은 예감도 들었고.

지연   내내 설렜죠. 사실 언제 고백을 하나 기다렸던 것 같은데 조금 늦게 하긴 했어요. 그런 걸 해본 적이 없다고 하더라고요. 제가 첫사랑은 아니었지만. 그럼에도 불구하고 그 자리에서 제가 그랬어요. "나도 좋아해." (웃음)

창섭   워낙 둘 다 성격이 무던하기도 하고, 일희일비 하지 않아서. 물 흐르듯 자연스럽게 사귀게 된 것 같아요.

그때 창섭 님은 이미 양평에 내려가 있었잖아요. 연애하기에는 별로 좋은 조건은 아니었네요? 일단 너무 멀잖아요.

지연   그게 어렵다, 힘들겠다 이러고 만나지는 않았어요. 그냥 별 문제가 안 됐어요.

창섭   지연이가 인천에서 일하고 있었을 때고, 저는 양평에서 아버지 펜션 일을 함께 하고 있었던 때였어요. 아버지 꿈이 시골에 사시는 거였어요. 같이 도울 겸 해서 서울 직장을 급하게 정리하고 내려갔던 상황이었어요. 펜션 공사 중에 연애를 시작했죠. 지연이는 인천에서 커피도 하고 제빵도 하고 있었어요. 지금 생각해보니 인천에서 양평까지 대중교통이나 차로 두 시간에서 두 시간 반 거리를 정말 많이도 오갔네요. 평일 휴일을 가리지 않고 일주일에 2~3일은 오가며 얼굴을 봤죠.

지연   퇴근하고 달려가서 잠깐 보고 새벽에 데려다 주고, 뭐 거의 그런 식이었죠. 열심히 연애를 했어요. (웃음)

와, 어떤 이벤트보다 훨씬 감동적인데요. K-직장인에게 그게 가능한 일이네요.

그런 열정으로 결혼까지 이어졌나 봐요.

지연 그냥, 좋으니까. 가능하더라고요.

창섭 그때 그렇게 서로에게 최선을 다해서 연애를 길게, 잘할 수 있었던 거 같아요. 제가 한 번 가면 또 지연이가 한 번 오고. 시간 되는 사람이 움직였거든요. 그래서 몸은 힘들어도 장거리 연애가 그 자체로 스트레스가 되진 않았어요.

지연 다들 그러잖아요. 결혼할 사람은 딱 느낌이 온다고. 신기하게 저도 그랬어요. 이 사람이랑 살 것 같다 싶었죠. 비록 프로포즈는 없었지만, 결혼까지 자연스러웠어요.

창섭 연애 때나 결혼 이후나 크게 다른 건 없는 것 같아요. 그때와 지금의 라이프스타일이 다르지 않아요. 특히 귀농을 한 후 오롯이 우리끼리 지내다 보니 좀 더 그런 것 같아요. 이젠 그냥 서로 스며들었죠.

서로가 좋아도 도시에 있다가 시골에서 사는 일은 또 다르잖아요. 결혼을 하고, 양평에 완전히 정착했어요. 지연님은 망설임이 전혀 없었어요? 게다가 결혼하고 얼마 후에는 펜션을 관두고 '아쿠아포닉스 농업'이라는 낯선 영역에 도전했잖아요.

지연 양평에서 사는 일에 망설임은 별로 없었어요. 성향상 조용한 곳에서 쉬는 걸 좋아해서 시골에서의 삶이 싫지도 않았고요. 사실 도시에서는 이런 성향인지도 몰랐지만. 어찌 보면 오빠 덕분에 알게 된 거죠. 잘 맞는 옷을 입은 것 같아요. 사람에 대한 스트레스도 덜하고요. 펜션을 그만두고 아쿠아포닉스 농업을 한다고 했을 때는 주변에서 좀 말리기도 했어요. 그런데 워낙 남편이 한 번 결정하면 파고드는 스타일이에요. 일단 한 번 끝까지 가봐야 해요. 그걸 잘 알고 있어서 제가 따라가는 거죠.

창섭 저는 호기심이 많아서 흥미가 생기면 실행하고 겪어 봐야 해요. 제 삶 자체는 느리게 흐르는 편인데 호기심은 많고 일에 대해서는 직진하죠. 더욱 깊이 파고들어가요. 아쿠아포닉스 농법은 친환경 농법이에요. 물고기 양식과 수경재배를 함께 해요. 저희는 장어를 양식하면서 그 물로 관엽식물을 키우고 있어요. 장어를 양식한 물에는 식물이 잘 자랄 수 있는 양분이 있거든요. 누구도 시도하지 않았던 거라 무모하기도 했어요. 저희가 막 특출난 사람들은 아니잖아요. 그래서 남들보다 좀 더 색다른 아이템이 필요했고, 아쿠아포닉스에 꽂혔어요. 그 결정을 함께해 준 지연이가 고맙죠.

지연 오빠는 늘 안심이 돼요. 어떤 일이 일어나든 문제를 해결하려고 하니까요. 그러니까 저도 오빠를 한결 같이 믿고 응원하는 사람이 될 수 있던 거죠. 저희는 모든 상황에서 일단 서로를 믿는 것 같아요. 그게 우리 관계를 변함없이 유지시킬 수 있게 하는 힘이고요.

무모했던 만큼, 시행착오도 있었겠죠. 함께 겪어내는 일도 쉽지는 않았겠어요.

창섭 장어가 무척 민감해서 키우기 어려워요. 물도 깨끗해야 하고, 수온도 잘 맞춰야 해요. 누구에게 배운 것도 아니라 처음에는 부딪치면서 겪는 수밖에 없었어요. 집단 폐사한 적도 몇 번이에요. 지금은 관엽식물을 수경재배하지만 처음에는 상추에서 시작해 공심채, 고수 같은 채소도 키우고 이것저것 많은 걸 해봤어요. 함께 머리를 싸맸죠. 성공담보다 실패담이 더 많아요.

지연 진짜 처음에는 너무 힘들었어요. 장어가 집단 폐사했을 때 손해가 심했는데, 이 뒤 처리까지 해야 하니 힘들잖아요. 냄새도 고약하고요. 속상해서 둘이 붙잡고 울고불고했어요. 괜히 시작했나 싶기도 했고요. 오빠는 양식장에 침대를 갖다 놓고 24시간을 지냈어요. 어디서 배울 수 있는 게 아니니까 직접 곁에서 눈으로 볼 수밖에 없잖아요. 중간에 수온 등 체크해야 할 것도 많고, 또 무엇보다 마음이 불안하니까요.

창섭 정말 산 넘어 산이었어요. 잘 키우면 뭐해요. 판로가 없으니 그것도 개척해야 했어요. 저희는 후계농과 다르게 연고지도 아니라 의지할 곳도 없었죠. 첫발을 내딛는 게 참 힘들었어요. 그러다 점점 안정을 찾았고, 우연히 지인에게 관엽식물을 선물 받았어요. 물에서 키우는 작물이 아니라 걱정이 됐지만 막상 해보니까 너무 잘 자라더라고요. 이게 더 낫겠다 싶어서 채소에서 관엽식물로 방향을 틀었죠. 다행히 관엽식물이 인기가 많아지고 있을 때였고, 키우면서 저도 관엽식물에 매력을 느끼게 됐어요. 취미로서, 취향의 영역에 들어가는 식물이다 보니 사람들이 먹거리보다 더 아낌없이 지갑을 열더라고요. 장어 쪽도 초반에는 하루에 한 팀 받을까 말까 했는데, 조금씩 나아졌어요. 어디선가 듣고 찾아오시기도 하고, 전화로 주문을 하시기도 하고요.

다사다난했네요. 그래도 '함께' 극복해냈고요.

창섭 맞아요. 대체 그 일들을 어떻게 해내왔는지 아득하네요. 전 이것저것 실험을 많이 해봐요. 시행착오도 그래서 많이 겪는 것 같아요. 사고를 칠 때마다 지연이는 그냥 저만 있으면 된다고, 다 괜찮다고 말해줘요. 그다음 정신을 차리게 해주죠. (웃음)

지연 오빠가 어떤 면에서는 예민한 편이에요. 뭐가 하나 잘못되면 크게 생각하는 면이 있어요. 그래서 제가 워- 워- 해주는 역할을 맡곤 하죠.

창섭 한 번만 해주는 말이 아니라, 지연이는 늘 그렇게 말해줘요. 괜찮다, 다독여주는 거예요. 힘이 나죠. 둘이 하기에는 요즘도 사실 좀 버겁긴 해요. 생산만 하는 게 아니라 장어 판매장 따로, 식물 판매장 따로 운영을 해서요. 판매 쪽은 지연이가 주로 담당하고 저는 생산을 책임지고요. 지금 여기는 식물 쇼룸 겸 카페, 복합문화공간으로 만들고 싶어요. 할 일이 너무 많은데도, 새로운 것들도 보이고, 점점 더 둘이 하고 싶은 것들이 많아져서 고민이에요. 우린 참 욕심이 많은 것 같아요. (웃음)

어려움에 대처하는 서로의 자세에 관해 들으니, 두 분의 가치관이 더 잘 맞는다는 생각이 드네요.

지연 　저희는 그래요. 우리 둘이서 밥을 못 먹고 살 일은 없다. 그렇게 믿고 살아요. 처음 사업을 시작했을 때, 서른 살까지 한 번 할 수 있는 데까지 해보자, 그런 생각이었거든요. 해보고 나서 후회하자랄까요.

창섭 　예전에는 이렇게까지 생각이나 성향이 비슷하지는 않았던 것 같아요. 이제 더 비슷하게 맞춰지고 더 닮아가네요.

지연 　그래서인지 저희는 정말 싸우지 않거든요. 그럴 일이 별로 없어요. 심지어 MBTI도 같다니까요. (웃음) 살짝 다른 면은 있죠. 남편은 좀 천천히 가요. 저는 조금 더 적극적인 편이고요. 제가 독려하는 편이죠. 다행히 저는 그게 스트레스가 아니고, 남편도 잔소리로 받아들이지 않고요.

장어와 관엽식물의 생태를 잘 융합해 키우는 아쿠아포닉스는 결국 공존의 룰을 찾는 방법인 것 같기도 한데요. 건강한 공존을 위해 관계에서 꼭 지켜 나가려 하는 것도 있을 것 같아요. 서로에게 어떤 존재가 되고 싶어요?

창섭 　특별히 이건 꼭 지키자 하는 건 없어요. 함께 잘 살기 위해 서로를 고치려고 하는 것보다는 스며드는 편이죠. 저는 그냥 한결같은 사람이 되어주고 싶어요. 우리의 공통된 목표점을 이루기 위해 늘 그 자리에 있는 사람이요.

지연 　맞아요, 연애부터 결혼까지 10년 동안 오빠는 정말 똑같아요. 우선순위가 항상 저예요. 음, 사실 서로 마찬가지예요. 제게도 우선순위는 오빠죠.

창섭 　인생의 우선순위가 서로이다 보니, 서로를 행복하게 하기 위해서 돈도 버는 거고요. 그 과정이 힘들어도 함께 힘을 내는 거죠. 더 재밌게 살려고 하고요.

지연 　저는 바로 그 재미와 즐거움을 남편에게 주는 사람이 되고 싶어요.

창섭 　지연이가 지금은 낯을 좀 가리지만, 둘이 있을 땐 통통 튀거든요. 제가 재미가 너무 없는 느린 스타일이지만 집이 시끌벅적한 건 다 지연이 덕이죠. 활력이 돼요.

지연 　활력이 된다니 다행이네. 평소에 오빠가 애정표현을 너무 어색해 하거든요. 다행히 같이 살면서 점점 좋아지고 있고, 노력하는 모습이 보여요. 그처럼 그저 상대가 행복하고 즐거워 하는 걸 해주려고 하다 보니, 서로가 자양분이 되어 자연스럽게 변해가고 있는 것 같아요.

　　　관엽식물은 다양하잖아요. 혹시 서로 닮았다고 생각하는 식물이 있어요? 가까이서 애정을 갖고 키우다 보면 아 이 사람 같다. 그런 생각이 들 것 같아요.

지연 　남편은 모두들 잘 아시는 '몬스테라' 같아요. 관엽식물 중 가장 기본적인 식물이거든요. 그냥 늘 옆에 둬도 익숙하고 편안하죠. 굳이 존재를 드러내지 않아도 이미 곁에서 존재하고 있어요.

창섭 　지연이는 다양한 무늬종에 가깝다고 할까요. 굳이 식물로 말하자면 '알보' 같은 사람이에요. 무늬종의 매력은 어떤 모습으로 변화할지 알지 못한다는 거예요. 잎이 나올 때마다 각양각색, 모습이 변해요. 잎이 다르고, 잎맥도 변하고. 무늬가 다 똑같은 잎은 하나도 없이. 그 다채로운 매력이 지연이와 잘 어울려요.

연인들이 함께 키우기 좋은 관엽식물
무늬보스턴고사리　관엽식물 중 고사리류는 키우기도 쉽고, 다글다글하게 여러 쪽으로 촉이 나와 쉽게 나눠 키우기 좋다. 요즘 플랜테리어 쪽에서도 각광받는 관엽식물이라, 우리만의 트렌디하고 예쁜 공간을 꾸미기에도 좋다.

굳이 먼 곳으로 여행가지 않아도 자연 속에서의 삶은 많은 사람들의 로망이잖아요. 매일매일이 여행하는 기분일 것 같아요. 변화무쌍하잖아요 자연은.

지연　꼭 그렇지는 않아요.

창섭　아뇨, 그렇긴 하죠 단편적으로는. 저희 집이 정말 자연 환경이 좋아요. 계곡도 있고 산도 있고 풍경이 참 예뻐요. 하지만 아이러니한 게, 그래서 그런지 여행을 가면 꼭 산보다는 바다를 가요. 산이 있는 곳은 어디를 가든 저희 집이 더 나은데, 하고 생각하게 돼요.

지연　주변 자연을 좀 찬찬히 볼 만한 조금의 여유는 생겼지만, 저희가 공식적으로 휴무인 날이더라도 매일 돌봐야 되는 것들이 있으니 출근을 늘상 해요. 장어 친구들 밥도 주고, 식물 친구들 물도 주고. 그래서 일상이 여행이라는 기분이 들기는 조금 어려운 것 같아요.

창섭　사실 요즘 저희가 생각이 좀 많아져요. 너무 힘들게 시작했을 때는 서로 관계나 가치관이나 앞으로 어떤 방향으로 가야할지 생각조차 못했는데, 지금은 좀 나아졌어요. 닥치는 사건들을 해결해야 했고 불안함을 계속 안고 있어야 했던 초기에 비해 이제 삶의 안정적인 패턴이 생겼잖아요. 비울 수 있는 여유가 조금씩 생기는 것 같아요. 삶이 드라마틱하게 변한 건 아니지만. 이젠 어떻게 우리 삶의 질을 높일 수 있을까, 그 방향에 대한 고민을 함께해 나가고 있어요. 그래서 짬을 내서라도 여행을 가려고 하는데 역시나 쉽지는 않네요.

그럼 여행을 다녀온 지도 오래됐겠어요. 두 분의 평소 여행 스타일은 어때요? 역시나 잘 맞나요?

창섭 코로나 이전에 국내 여행으로 강릉을, 그것도 1박 2일로 다녀온 게 가장 최근이죠. 에효.

지연 결혼도 코로나 중에 해서 신혼여행도 제주도로 갔었어요.

창섭 저희는 그냥 천천히 하는 여행을 좋아해요. 휴양지를 좋아하고요. 절대 미리 계획하는 타입도 아니에요. 검색도 잘 안 하죠. 여행지에서도 그다지 유명하지 않은 스팟들을 마치 가벼운 산책을 하듯 둘러봐요.

지연 언제, 어디를 가서, 뭘 꼭 먹어야 돼 하고 정하는 게 아니라 그냥 '가볼까?' 나서는 거죠. 그러다 신기해 보이는 곳에 무작정 들어가요. 다행히 각종 향신료를 좋아해서 현지 음식도 일단 입에 넣고 봐요. 뭐든 거부감이 없어요. 그래서 그런지 여행을 가서도 크게 갈등도 없어요. 길을 잘 못 찾으면 다시 되짚어 가면 되죠 뭐. 되짚어 가는 그 길에 또 뭔가 재미있는 게 있을 수 있잖아요. 사실 오빠가 처음 가 본 곳에서도 길을 워낙 잘 찾는 편이라 덕분에 저는 손을 잡고 그냥 따라만 가면 돼요. (웃음)

가장 기억에 남는 여행지는 어디였어요?

창섭 오래전이네요. 결혼 이후로는 멀리 못 가봤어요. 바쁘기도 했고. 연애 때 오키나와를 갔었어요. 정말 눈부신 바다가 있었어요. 함께 떠났던 첫 여행이기도 해서 설레기도 했고요.

지연 저도요. 모든 게 투명하고 반짝반짝했어요.

창섭 신혼여행지였던 제주도에서 우도도 참 좋았어요. 다음에 가면 그냥 거기서만 며칠 머물러야겠다 생각할 정도였어요. 이야기하고 보니 역시 다 바다가 있는 곳이네요. 바다를 보면 시야가 탁 트이는 느낌이 들어서 좋잖아요.

지연 바빴던 일상에서 해방되는 느낌이기도 하고 청량한 파란색이 주는 자유로움도 있고요. 안 그래도 열흘쯤 후에 또 바다로 여행을 갈 예정이예요. 무척 오래간만이예요. 그런데 아직, 음. 항공권도 숙박도 정하지 않았어요. (웃음) 바다가 너무 예쁘다는 보홀에 갈까, 쉬기 좋은 발리에 갈까.

여행 스타일은 두 분 다 한 달 살기에 잘 맞는 성향인 것 같네요. 혹시 꼭 살아보고 싶은 여행지가 있나요? 20년 후 어떤 여행지에서 살고 있을까요?

지연   정말 꿈꾸는 일이에요.

창섭   얼마 전 친구 한 명이 휴가를 모아서 18일간 미국 여행을 간다는 거예요. 너무 부러웠어요. 18일이 뭐예요. 저희는 국내여행조차도 4박 5일 이상 가본 적이 없으니까요. 언젠가는 유럽에서 좀 살아보고 싶기도 해요. 짧게 다녀올 수밖에 없는 저희 일정 때문에 늘 포기하고 마는 여행지거든요. 아, 몰디브도 너무 가보고 싶고요. 사실 가보고 싶은 곳이 너무 많아요.

지연   목적지가 어디가 될지 모르겠지만, 저희는 정말로 해외에서 꼭 살아보려고요. 여러 가지 준비를 지금부터 해야겠지만 목표는 40대 후반, 50대 정도예요. 그때 쯤이면 무언가를 한 단계 정리하고 쉼표를 가졌으면 좋겠어요. 그런 자유로운 꿈을 위해서 현재에, 그리고 서로에게 더 충실해야죠.

"생명의 쉼터가 되어주는 이끼처럼 우리도 서로"

지연 바른생각은 변하지 않는 부분이 있어요. 끊임없이 젊은 에너지를 불어넣는, 멈추지 않고 계속 움직이는 브랜드라는 생각이 들어요. 덕분에 어디서도 해보지 못했던 저희만의 커플 스토리를 이야기할 수 있게 돼서 재밌었어요. 새로웠습니다.

창섭 바른생각은 처음 런칭했을 때부터 가졌던 이미지가 새롭다는 거였어요. 접근 방식 자체가 다른 브랜드와 달라서 눈길이 갔어요. 그런데 단지 아이캐칭에서 그치는 게 아니라 이런 책자를 만들며 좀 더 깊이 있는 메시지를 담는 것 같아요. 어린 시절에도 새로운 느낌이었는데, 이제 30대가 돼서도 이런 시도 자체에 새로운 느낌을 받네요.

목배게 쉬러 가는 여행, 피곤한 여정으로 쉽게 지쳐버리지 않기 위해

애착 잠옷 여행에서 최우선은 수면의 질. 온전한 쉼을 위한 애착템

김지연 · 박창섭

Heeyeon Ahn

나의 깊이로
떠나는 여행

안희연 배우, 가수

자전거를 멈춘 채 문 앞을 서성이는 이. 문 뒤에 펼쳐진 것이 비록 무한한 어둠일지라도, "멈춰 있으면 아무 일도 일어나지 않지" 용기를 내어 문을 연다. 세상이 도무지 제 편이 아닌 것 같이 차갑고 냉랭할 때에도 종이에 스스로를 위한 따뜻한 문장을 적어 자신의 마음에게 선물할 것 같은, 아름답고 단단한 사람. 안희연은 일상 속에 스며들어 특별함을 거부하고 자유롭게 사유하며, 세상 속에 녹아든다. 사람과, 자연과, 호기심과, 사랑. 그 속을 이리저리 유영하며 얻은 마음의 문장들은 고이 적어 간직한다. 누구보다 시적인, 그의 깊이를 들여다보는 시간.

마음의 문장을 수집하는 사람

무대에서 화려한 모습만 알고 있었는데, 생활하시는 모습을 티비에서 우연히 본 적 있어요. 원룸에 앉아 명상하는 모습을 보고 채널 돌리기를 멈췄어요. 아직 같은 삶을 유지하고 있나요? 작은 공간에서 명상을 하고, 스트레칭을 하고, 공부를 하고.

명상도, 공부도, 스트레칭도 여전히 하고 있지만 공간은 달라졌어요. 당시에는 집이라던가 정착이라는 개념이 좀 부담스러웠어요. 당시 원룸은 단기 임대였어요. 숙소 생활을 하다가 계약이 끝나고 나서 짐을 빼야 했어요. 어릴 때부터 나와서 살았으니 엄마랑 시간을 너무 못 보낸 것 같아 본가로 갔는데, 따로 산 시간이 길어서 인지 자꾸 부딪치더라고요. 어쩌면 좋을까 하다가 처음에는 호텔에서 지냈는데 돈이 너무 많이 들더군요. (웃음) 그래서 단기 임대를 전전하다가 드디어 제 공간에서 강아지와 같이 지내고 있어요.

이제 정착에 대한 부담을 내려놓은 건가요?

사실 지금도 비슷하지만, 예전보다는 덜 부담스럽게 느껴지는 것 같아요.

혼란의 시기였나 봐요.

네 그랬어요. 열일곱 살 때부터 연습생 생활을 했고, 이른 나이에 데뷔하며 사회생활을 시작했으니까 그런 고민을 할 시간을 제대로 못 가져봤거든요. 내가 뭘 좋아하고 싫어하는지 마구잡이로 시도하고 실패도 해보는 시기가 보통 대학교 때라고 하더라고요? 하지만 그 나이에 이미 저는 경제적인 책임을 지고 있었기 때문에 실패는 곧 엄청난 리스크였어요. 근데 계약이 끝나고는 허무해졌어요.

어떤 점이 허무했어요?
제가 좋아하는 색깔이 뭔지도 모르겠더라고요. 내가 뭘 좋아하는지보다 내가 뭘 해야 하는지, 다른 사람들이 나한테 뭘 원하는지에 더 민감하게 반응하며 살았고요. 내가 날 잃어버린거죠 앞으로는 어떻게 살아야 하지? 싶었어요.

그래서 선택한 방법이 적극적인 방황이었군요.
일이나 꿈같은 것을 좇는 것보다, 그간 잃어버린걸 찾는 게 제게 중요하다는 걸 직감적으로 알았어요. 나를 찾는 기간을 한 이삼 년 보냈죠.

스스로 늦깎이 대학생이 되었던 거네요. 진짜 안식처라는 느낌은 어디서 비롯되나요?
'나의 좋은 상태'라고 해야 할지, 아니면 '좋은 상태의 나'라고 표현해야 할지 잘 모르겠어요.

비슷한데 또 다르네요. 자기검열 없이 솔직하고 평범한 일상을 담으려고 SNS 부계정을 만든 게 어찌 보면 그 '좋은 상태의 나'를 담아내는 작업이었을까요?
그보다는 있는 그대로의 나를 받아들이려고 노력을 많이 했었어요. 저희 직업에는 워라밸이 없잖아요. 요즘 산업심리학을 배우고 있는데, 감정노동 파트를 공부하면서 '난 직장이 없었네'와 '난 모든 곳이 직장이었네' 하고 깨달았어요. 스튜어디스였던 제 친구는 당시에 공항 근처에 가는 것도 숨이 막힌다고 했어요. 하지만 저는? 특정한 공간만이 아니라 다 숨이 막혔어요. 이대로는 안 되겠다 싶었죠. 밸런스가 완전히 깨져 있었어요. 워라밸 중 '워'가 아니라 '라'에 집중할 때였어요. 조금은 극단적으로 시도했고, 이제는 분리하는 방법을 알게 된 것 같아요. 알게 되니 오히려 모든 모습의 나를 인정하고 하나로 합칠 수 있게 되더라고요. 그래서 이제 그 부계정은 필요가 없어졌어요. 하나의 계정에서도 저를 편하게 다 보여줄 수 있거든요.

3년의 방황은 엄청 필요했던 시간이네요.
너무, 너무요. 지금 좋아하는 색깔이 뭔지 물어봐주세요.

좋아하는 색이 뭐예요?
빨간색이요. 다시 한 번 물어봐주실래요?

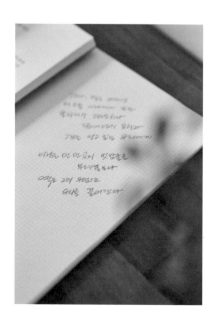

안희연

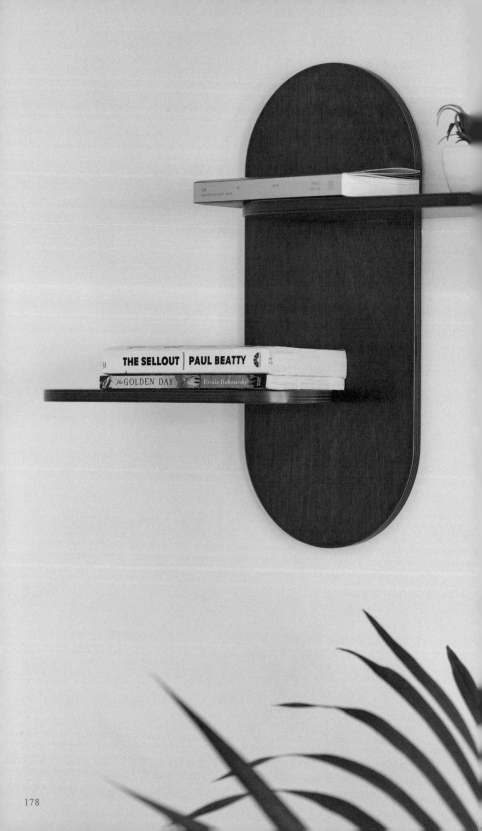

좋아하는 색이 뭔가요?

보라색이요. (네?!) 내일은 파란색이요, 혹은 노랑색이요, 어쩌면 주황색이요. 그냥 그렇게 하기로 했어요. 나를 뭔가에 가두거나 규정하거나 그런 사람이 되고 싶지는 않아요. 저는 계속 변화할 거고, 나중에 무슨 생각을 하게 될지도 모르고요. 스스로 자유를 주는 거예요.

재밌네요. 그런데 더 재밌는 얘기를 들었어요. 직장인 소모임에 무작정 나갔다고요. 어째서요?

사람에 대한 믿음이 필요했어요. 어릴 때부터 숱한 악플에 노출이 돼서 인간에 대한 너무 부정적이고 왜곡된 이미지가 고착된 거예요. 함께 사는 세상이니까 제가 사람을 볼 때, 아름답고 예쁘게 보여야 저도 행복할 거잖아요. 그래야 누군가를 믿을 수도 있고 사랑할 수도 있고요. 그런데 사람들은 다 날 싫어하고, 공격적으로 평가하려고 한다고 생각했어요. 당연히 그게 아닐 텐데, 제가 경험해 온 세상은 그랬어요. 저도 행복해지고 싶으니까 그 틀을 깨고 싶었어요. 그러려면 진짜 사람을 만나야 했고, 그게 직장인 소모임이었던 거죠.

그 모임을 어떻게 알게 되셨어요?

SNS를 하다가 타깃 광고에 걸렸어요. '크리에이터 클럽'이라는 말도 멋져, 세상에 게다가 '타인의 세상을 여행한다'는 슬로건까지. (웃음) 저는 당시에 타인이라는 게 너무 궁금한 사람이었잖아요. 트라우마를 극복하는 건 좋은 기억으로 덮는 것밖에는 방법이 없대요. 좋은 사람들을 만나서 그걸 바꾸고 싶었어요. 진짜 사람들을 만나서 그들은 무슨 생각을 하고 사는지, 어떤 고민이 있고, 뭘 좋아하는 사람들인지 알고 싶었어요. 날 평가하는 사람들이 아닌.

그래서, 모임이 그 욕구를 충족해줬나요?

너무요. 인간은 역시 아름답구나, 사람을 믿을 수 있게 됐어요. 인간은 모두 다 각자의 고민을 가진 개인들의 집합이잖아요. 저는 개개인의 속성을 보지 못하고 집합에 부정적 이미지를 덧씌웠던 거죠. 근데 자세히 들여다보니 제가 만든 그 이미지에 부합하는 사람이 없는 거예요. 그러면서 이건 내가 만든 착각이구나 깨닫고 탁, 해방됐어요. 사람이 사람으로 보이기 시작한 거죠. 다채로운 모습들이요. 저는 그동안 사람들이 나를 왜 상품으로만 보지? 그런 피해의식이 좀 있었어요. 근데 얘기를 해보니, 저는 상품인데 누군가는 부품이고, 다 똑같은 거예요. 그러니까, 내가 하고 있는 고민이 직업적인 특수성에서 온 게 아니라 내 나이 때 할 법한 건강한 고민이었던 거죠. 나 사실 잘 살고 있었구나, 혹은 다 똑같구나 하는 안심을 했어요.

와 그런데 용기가 있으시네요. 사람을 경계하면서도 거길 나간 거잖아요. 분명 알아볼 텐데!

그때 전기 자전거를 타고 갔거든요. 앞에 자전거를 세워 놓고, 한 30분을 들어갈까 말까 망설였어요. 그때 제게 타인은 위험한 존재였으니까요. '나를 다 알아보고, 내 얘기를 못 하게 되면 어쩌지?' '내가 느껴온 그 부정적인 생각이 정말 맞으면 어쩌지?' 무서운 거예요. 그러다가 '아 모르겠고, 그냥 일단 가보자!' 하고 들어갔어요. 아닌 것 같으면 화장실 간다고 하면서 빠져나올 계획도 동시에 짜면서요. 근데 갔더니 모두 너무 예쁜 사람들인 거예요. 엄청난 위로를 받았어요. 이후에 이제는 그런 모임들에 막 나가요. 사랑 얘기 하는 모임이 생겼다고 하면, '재밌겠는데? 사람들 어떻게 사랑하고 사나 궁금하니까 가 봐야지' 하면서요.

거기서 만난 친구들 얘기가 궁금한데요?

그곳에서는 직업과 나이, 이름을 밝히지 않아야 해요. 모임이 주제별로 열리는데 처음 참여한 곳은 철학 이야기를 하는 모임이었고 그 다음에는 사랑 이야기를 하는 모임이었어요. 지금도 그때 만난 친구들과 자주 만나요. 조경하는 친구, 대기업에 다니는 친구, 촬영 감독을 하는 친구 다양하게 많아요. 다들 취미도 다른데, 촬영 감독 친구는 서퍼이기도 해서 따라가서 서핑도 배웠고요, 맨날 러닝하는 친구를 따라서는 마라톤도 나가보고 끝나고 복분자주도 마셔보고요. 다 같이 숙소를 빌려서 날 샐 때까지 수다 떨다가 해 뜨는 것도 보고요. 진짜 소중한 경험을 많이 했어요.

다채로운 사람을 만나니, 다채로운 경험이 있네요.

다들 고민도 얼마나 많게요. 회식 때 술 마시느라 힘들다는 얘기, 그만둘까 말까 고민하는 얘기 같은 살아 있는 얘기를 듣는 거죠. 어머 너도 사는 거 장난 아니구나 싶은 고민들 이야기요. 그중에는 박사 과정 중인 친구도 있거든요. 그 친구는 세 명의 연예인을 좋아하는 덕후예요. 덕질하는 얘기를 하는데 너무 순수한 마음으로 좋아하는 거예요. 그것도 너무 예쁘더라고요.

사람에 대한 호기심이 많으시네요. 그러한 면이 사람에 대해 깊게 파고드는 심리학에 대한 관심으로 연결이 됐겠네요. 어떤 계기로 심리학을 공부하게 되셨어요?

친한 친구가 많이 우울하고 힘들어했어요. 그런데 저는 왜 그렇게 힘든지, 뭘 해줄 수 있는지 하나도 모르겠더라고요. 먼저 친구를 이해해야 힘이 돼줄 수 있을 것 같았어요. 그래서 시작했어요. 그런데 심리학 공부를 하면서 알게 된 건 오히려 나 자신이었어요 그리고 친구와 내가 다를 게 없는 사람이라는 것도요. 들여다보지 않았을 뿐이지 제게도 있는 감정이었더라고요. 그리고 연기를 시작하게 되면서는 진짜 많은 도움이 됐어요. 인물을 이해할 수 있는 좋은 도구가 생긴 느낌이에요.

최근에 <3일간의 비>라는 연극에 출연하셨어요. 이것도 호기심 섞인 도전이었나요?

맞아요. 사실 과거에 다른 연극이 제안이 왔었는데, 그때는 거절했었어요. 이걸 어떻게 하나 싶었거든요. 철학적이고, 대본도 어렵고. 어쩔 때는 무슨 말인지 하나도 모르겠고. (웃음) 사실 <3일간의 비>라는 연극 작품이 들어왔을 때쯤 저한테도 '권태기'가 왔어요. 권태기 같이 연기에도 그런 시기가 있다고 하더라고요. 그게 직장인들처럼 3년, 5년차 때 종종 온대요. 저도 5년쯤 지나 연기를 그만둬야 하나 고민이 들었어요. 이상하게 너무 즐겁지가 않더라고요. 내가 연기를 왜 하고 있지? 지금이라도 빨리 포기해야 하나? 혼란이 온 거죠. 그런데 이런 생각이 드는 거예요. 연극은 한 번도 해보지 않은 미지의 영역이잖아요. 그걸 경험해보지 않고, 연기라는 장르를 포기하는 건 성급하지 않나. 그래서 순간 용기가 났어요. 아, 모르겠고! 일단 뭔지 알아봐야겠으니 그냥 해보자. 죽기야 하겠어?

어떤 연극이었나요.

미국을 배경으로 한, 1인 2역을 해야 하는 작품이었어요. 같이 연극을 하는 언니 오빠들도 이런 작품은 처음이라고 할 정도로 심오하고 철학적이었고요. 왜 세상에서는 우정, 모성, 연애 같이 사랑을 다 다른 형태로 나눠서 규정하지만, 결국 그 본질은 다 같은 사랑이잖아요. 범사랑이요. 그 사랑에 대해 이야기를 하는 작품이라고 저는 해석했어요. 아마 해석의 여지를 모든 방향으로 열어 놓고 쓰신 것 같아요.

매번 환호하는 관객만 보다가, 숨죽이며 지켜보는 관객을 경험하는 일은 어땠나요.

이 작품을 통해서 처음으로 관객이라는 개념에 다른 관점이 생긴 것 같아요. 저희 작품이 트리플 캐스팅이어서 런스루를 할 때 다른 배우들이 하는 걸 저도 관객석에 앉아서 지켜보고 있는데, 이런 생각이 들더라고요. '여기 앉아 있는 어떤 사람은 엄청 배가 고플 수도 있고, 어떤 사람은 무척 슬픈 일을 겪고 왔을 수도 있겠다. 모두가 다른 상황을 겪는 개인들이 모여 관객이 되는 거니까 사실 관객이라는 건 실체가 없었구나. 관객은 신랄한 평가를 하는 무서운 존재라는 건 그저 내 불안이 만들어낸 착각이구나.' 그런 생각이 들자, 새로운 개념으로서의 관객이 열리더라고요.

사람 안희연은 요즘 개개인의 다름을 자주 마주하고, 소중하게 느끼네요. 연극을 통해 누군가에게 받은 의미 있는 피드백이 있었나요?

손 편지를 많이 받았어요. 연극을 계속 해달라는 말, 힘든 일이 있었는데 연극에서 제 배역의 한 장면이 위로가 많이 됐다는 감사의 말들이 쓰여 있었어요. 오히려 제가 감사한 마음이었어요. 이렇게 열린 마음으로 이 작품을, 제 연기를 봐준다는 자체, 그리고 제가 전달하려는 마음을 오롯이 느끼고 가슴에 담는 그 자체가 너무 감사하잖아요. 연극이 끝나고 인사를 하는데 감사하다는 말이 마음 깊이, 정말 저절로, 튀어나왔어요.

얘기를 듣다보면 참 생각이 깊은 사람이구나 느껴져요. 생각하는 걸 좋아하나요?

아니요. 겁이 많고, 예민한 성격이라 불안도가 높아요. 주로 하는 생각이 걱정이에요. 명상을 꽤 오랫동안 했는데 그게 잡념을 없애기 위한 행위잖아요. 그때 가만히 들여다보면 제가 걱정, 그것도 미래에 대한 걱정을 많이 하고 있더라고요. 걱정을 시작하면 감정의 소용돌이에 들어가게 되고, 그 감정 속에서 종종 길도 잃고요. 지금은 명상을 통해서 생각=걱정을 잠재우려고 노력하고 있어요.

사랑 얘기를 해볼게요. 심리학도 그렇지만 그것만큼 사람 심리를 파헤치는 건 없는 것 같아요. 배우님에게 사랑은 어떤 거예요?

지금 저에게 사랑이라는 건 귀하게 여기는 거예요. 2년 전부터 처음 강아지를 키우기 시작했는데, 그 아이를 바라보면 너무 귀해서 제 눈이 그 아이로만 꽉 차더라고요. 이런 마음이 진짜 사랑이지 않을까 싶어요. 그냥 그 존재 자체로 너무 감사한 마음이요. (웃음) 어쨌거나 저희 강아지는 최고의 사랑입니다.

<나는 솔로>를 즐겨보신다면서요? 저도 좋아합니다만… 대체 남이 사랑 찾아 가는 얘기가 왜 이렇게 재밌을까요?

처음에 누가 걸어오고, 이름표를 뗄 때까지만 해도 완벽한 타인이잖아요. 근데 그 사람들이 이런저런 일을 겪는 걸 보고, 감정을 드러낼수록 같이 아파하고 같이 슬퍼하고 그렇게 정이 들고, 점점 아는 사람이 되는 거죠. 저는 그걸 '솔며든다'고 표현해요. 저 사람들의 과거, 아픈 얘기, 그런 게 다 이해가 가고 제 모습도 투영되고요. 사랑 앞에서 용기를 내고, 상처도 받고, 감정의 나체를 드러내는 그 솔직한 모습들이 저는 너무 감동이고 예뻐요.

사람이 예쁘다는 말을 자주 하시는 거 아세요?

네, 요즘 저 그래요. 길을 가다가 마주치는 사람들을 이렇게 보면 다 예쁘더라고요. 모두가 어딘가 예쁜 구석이 다 있어요. 그리고 그게 참 감동이에요.

제가 보기에는 배우님에게 사랑의 대상은 그냥 사람 그 자체네요.

그런가 봐요. 그런 것 같아요.

인류애도 좋지만 (웃음) 연애로서의 사랑 이야기를 나눠보죠. 사랑을 할 때 좀 더 솔직해지는 편인가요 아니면 알아주길 바라는 편인가요?

상대방이 저에게 해줬던 얘기는 제가 자기 개방을 되게 잘한대요. 솔직하다는 거죠. 그리고 저는 그 솔직한 모습까지 사랑해주길 바라요. 내가 솔직하게 치부를 다 드러내도, 그저 밝아 보여도 날 그냥 그대로 사랑해줬으면 좋겠는 거예요.

거기서 갈등은 시작되고…

다행히 제 그 솔직한 모습이 예쁘대요. 그리고 그 모습이 예뻐 보여서, 본인 스스로도 솔직하면 예쁘겠구나 생각할 수 있었다며 고맙다는 얘기를 해주더라고요.

로맨틱한 말이네요. 그럼, 솔직해지는 게 가장 건강한 사랑일까요?

건강한 사랑은 '따로 또 같이'를 잘 지키는 사랑인 것 같아요. 합집합이 아니라 교집합 상태를 유지하며 서로를 잘 공존시킬 수 있는 관계가 건강한 사랑의 모습이지 않을까 싶어요.

반대로 건강하지 않은 사랑은요?

종종 너와 나의 경계가 사라져서 상대와 나를 동일시하고 '이건 하지마' '누군 만나지마' 하고 너무 쉽게 요구하는 경우를 많이 보잖아요. 그리고, 내 마음을 말하지도 않으면서 그냥 알아주길 바라기도 하고요. 그런데 사람은 다 다르니까 같은 생각을 할 수 없잖아요. 다름에 대한 존중이 필요해요.

사랑에 있어서 자유의 가치를 중요하게 여기는 편인가요?

제 개인의 생각과 느낌의 영역에서는 자유를 굉장히 중요하게 생각해요. 하지만, 사랑은 함께하는 거니까요. 제가 저에게 집중해주길 바라는 만큼 상대방도 그렇겠죠? 함께해야 하는 부분에서는 많이 포기를 하는 편이에요.

연인으로부터 들어본 가장 좋았던 말이 궁금해요. 사랑한다는 말은 제외하고요.

"고마워해줘서 고마워"라는 말. 그 마음이 깊고 넓어서요.

연인과 주로 어디로 떠나는 것을 선호하나요?

무조건 자연이요. 풀이 많은 곳, 녹색을 좋아해요. 숲에서 아무 말 없이 조용히 걷거나, 각자 시간을 보내기도 해요. 작년에 일본의 한 온천으로 여행을 갔어요. 거리에 족욕을 하는 정자도 있고, 고요하더라고요. 뷔페가 유명하고 밥이 잘 나오는 숙소라 잘 챙겨 먹고, 온천을 하고 숲에서 명상을 하는 거예요. 산책 후에는 팥빙수 가게에 들러 한 그릇 하고. (웃음) 구경도 하다가 또 저녁 뷔페를 먹고 하이볼 한 잔을 마신 뒤 푹 잠드는 거죠.

특별한 이벤트 같은 여행보다는 일상 속에 스며드는 여행을 좋아하시네요. INFJ라고 들었는데, 그런 여행조차 계획하시나요?

P와 J 사이를 왔다 갔다 하는 사람이더라고요. 제가 늘 챙겨 다니는 게 있어요. 다이어리와 검정 펜, 빨간 펜, 수정 테이프예요. 검정색으로 쓰고, 수정 테이프로 열 번도 수정해요. 그리고 결정은 직전에 하는데, 그게 빨간 펜인 거죠.

이… 이상한 J네요!

맞아요. 이상한 J죠. 계획은 하는데, 저에게 계획이란 굉장히 유동적인 거예요. 반면 남자친구는 그냥 확신의 J예요. 예를 들어 제가 일본에 가서 버스를 타고 이동하자고 얘기를 했는데, 갑자기 택시를 타자고 제안하면? 당황하는 거죠. 약간 투닥투닥 하다가 서로 "이런 건 우리가 다르구나!" 깨달았죠. 그리고 제가 덧붙여 얘기해줬어요. 나는 검정 펜, 빨간 펜, 수정 테이프를 들고 다니는 J라고요. (웃음) 그러니까 저한테 그걸 검정 펜으로 썼냐, 빨간 펜으로 썼냐 꼭 물어보겠대요. 그리고 저는 빨간 펜으로 쓴 건 절대 안 바꾸기로 했어요.

와, 근데 투닥이는 상황에서 "우리가 이건 다르네!" 하고 발견하듯 말할 수 있다니.

둘 다 사람의 마음이나 성향에 관심이 많아서요. (웃음)

연인들에게 여행지를 한 곳 추천한다면요?

저는 호주요! 자연도 좋지만 땅덩어리가 크고 사람이 별로 없잖아요. 그래서 굉장히 느린 느낌을 받았어요. 한국에서, 그것도 도시에 있으면 타타다닥 박자가 느껴질 만큼 빠르고, 괜히 무언가를 해야 할 것 같아요. 그런데 거기서는 가만히 한 시간 넘게 앉아서 갈매기를 보면

서 멍 때리고. 특별할 건 없지만 연인 간에도 굉장히 좋더라고요. 그 느린 속도를 함께 경험하니까 함께 마음이 여유로워지는 거예요. 느린 도시에서, 느리게 걸으며 느끼는 위안과 배움이 연인 관계에 도움이 되지 않을까 싶어요.

전반적으로 느린 삶을, 걷는 삶을 지향하시는 느낌이에요. 어떤 인터뷰에서 미래보다는 지금 내가 즐거운지가 중요하다라는 말을 하셨어요. 지금 안희연에게 가장 즐거운 일은 무엇인가요?
적어도 하루에 한 시간씩은 걷거든요. 그 순간이 가장 즐거운 것 같아요. 걷다보면 사람들을 마주치잖아요. 내 상태에 따라 아직도 어떤 날은 사람들이 무서울 때가 있고, 어떤 날은 다 너무 예쁠 때가 있어요. 근데 그 예뻐 보이는 날의 빈도를 더 늘리고 싶어요. 그래서 내가 어떨 때 사람이 예뻐 보이는지 계속 발견하려고 하는데 아직 잘 모르겠어요. 조금 알 것 같기도 하고요.

인지하지 못 한 것을 발견할 때 선물을 받은 느낌이라고 하신 걸 봤어요. 그리고 그 느낌으로부터 갑자기 떠오르는 문장을 수집하는 것을 좋아한다고요. <Poetry> 뮤즈다워요. (웃음)
저를 때리는, 그러니까 탁 깨지게 만드는 생각들이 있어요. 여름에 엄마랑 길을 걷는데, 낙엽이 보이더라고요. "엄마, 왜 여름에 낙엽이 있어?" "낙엽은 사계절 내내 있어. 봄에는 새싹이 돋고, 여름에는 꽃이 피고, 겨울에는 눈이 쌓여서 낙엽이 안 보이는 것뿐이야." 엄마의 답을 듣고 나니 내가 그동안 세상을 정말 보고 싶은 대로만 봤구나, 그리고 그게 전부가 아니구나 하는 생각이 들었어요. 알고는 있었는데 정말 제대로 깨닫는 순간이었어요.

그런 순간들을 수집하는 거군요. 그럼 갖고 있는 문장 중에 가장 좋아하는 문장은 뭐예요?
"미워하지 말고, 미안하기로 했다." 최근에 엄마가 제게 하신 말씀이에요. 엄마는 뭐든지 본인이 짊어지려고 하는 사람이거든요. 너무 착해서 늘 자책하고 고생만 하는 엄마 모습이 딸인 제 입장에서는 너무 안타까웠어요. 그런데 어느 날 엄마가 그러는 거예요. "희연아, 엄마 이제 미워하지 않고, 미안하기로 했어." 이제 엄마는 자꾸 자신에게 지워지기만 하는 짐들을 미워하며 받아들이는 대신, 그냥 미안하다고 말할 수 있는 사람이 되겠다고 결심한 거죠. 본인 스스로의 삶을 위해서요. 저는 그 문장에 어떤 설명을 보태지 않아도 그 자체로 심장이 쿵, 했어요. 지하철 역사 안에서였는데, 엄마 뒤에서 후광이 비치더라고요. 행복한 날이었어요.

마치 그 장면을 보고 있는 듯 그려져요. 그러면, 수집한 문장들로 무얼 하세요?

늘 들고 다니는 다이어리나 휴대폰 메모장에 적어 놓는데, 그걸로 뭘 하지는 않아요. 왜 피규어 모으는 사람들은 그걸 바라보며 흡족해 하잖아요. 저도 그런 감정과 같아요. 다시 되짚어 읽어 보면 내 안에 이런 시간과 생각이 쌓였구나 하면서 충만한 느낌이 들어요.

내면에 사랑이 많은 분 같아요. 앞으로 어떤 형태의 사랑을 하고, 또 나누고 싶은가요?

불과 얼마 전까지만 해도 나를 찾아가는 과정에 있었고, 지금도 다 찾은 건 아니에요. 하지만 제 안의 모든 가능성과 호기심을 열고나니 이제 나 자신이 넘어서 타인이 보이기 시작했어요. 얼마 전부터 내가 뭘 나눌 수 있고, 어떤 도움이 될 수 있을까 고민을 하게 되는 것 같아요. 연극을 통해 팬 분들과 감정을 가까이 나눈 것도 좋았고, 또 뭐가 있을까요? 앞으로 찾아보려고요. 나눔으로써 오히려 꽉 채워지는 그런 이상한 기쁨을 계속 발견해 나가고 싶어요.

연예인 안희연, 사람 안희연은 각각 어떤 미래를 꿈꾸나요?

우선 직업적으로는 그냥 이 일을 꾸준히 할 수 있었으면 좋겠어요. 배우로서는 그동안 <아직 낯서른> <사랑이라 말해요> <판타G스팟> 같은 사랑을 주제로 한 필모그래피가 많았다면, 제가 좋아하는 고어물이나 액션물도 해보고 싶고, 사극에도 도전해 보고 싶어요. 사람 안희연으로서 바라는 건… 자유예요. 제게 자유라는 가치가 굉장히 중요하더라고요. 낙엽=가을이라는 고정관념이 깨진 것처럼 제 안의 그런 관념들로부터 최대한 자유로워지고 싶어요.

<판타G스팟>이라는 작품도 그런 관념을 깨기 위한 선택이셨군요. 공익적 목적이랄지.

맞아요. 여성으로서의 답답함들이 있잖아요. 성을 즐기는 것에서 자유롭지 못한? 그런데 작품 제목부터가 자유롭더라고요. 이런 작품들이 자꾸 세상에 나오면 다른 사람들의 답답함도 같이 해소되지 않을까 싶었어요. 그래서 선택하게 됐죠. 우리는 일상에서 금기시하는 성 관련 단어들이 촬영장에서는 아무렇지도 않게 쓰였는데, 그렇게 쓰고 보니 정말 아무것도 아닌 단어더라고요. 그리고 밖으로 드러내고 이야기하는 게 더 건강한 모습이라는 걸 확실히 느꼈어요.

바른생각이라는 브랜드가 바로 그 점을 지향하고 있어요. 자연스럽게 얘기가 연결되네요! (웃음)

그런 점에서 참 멋있는 브랜드라는 생각이 들어요. 세상에 필요한 일들을 하잖아요. 성을 즐겁고 재밌게 드러내고, 때로는 이렇게 감성적인 콘텐츠로 전달하기도 하고요. 똑똑하고 트렌

디한 사람들이 모여 있구나, 그래서 사회에 더 좋은 영향을 줄 수 있지 않을까? 기대를 하게 만드는 브랜드인 것 같아요.

바른생각은 앞으로 더 세상의 고정관념을 깨며 나아가고 싶어요. 그걸 어떻게 깨면 좋을까요? 그냥 의견을 듣고 싶었어요.

트라우마를 극복하는 방법은 좋은 기억으로 덮는 것밖에는 방법이 없대요. 고정관념도 비슷한 것 같아요. 어떻게 보면 성에 대한 인식도 건강한 측면이 계속 노출되어야 자연스럽게 바뀌지 않을까요? 시간이 걸리겠지만, 바른생각에서 그 역할을 해주시는 것 같아서 감사하더라고요.

트라우마는 좋은 기억으로 덮는 것밖에 방법이 없다는 말, 그게 핵심인 것 같아요. 정말 감사해요. 끝으로, 오늘 인터뷰는 어땠나요.

즐거웠어요. 저는 편안하게 제 얘기하는 걸 좋아하더라고요. (웃음)

찬란한
우리의 순간들을 모아

사랑은 커나간다. 다정한 말과 포옹, 둘만의 애틋한 기억이 모일수록 포동포동
예쁘게 살찐다. '썸원'은 둘만의 행복한 기억과 진솔한 마음을 잊지 않고 기록하며,
더 아름답게 키워낼 수 있도록 돕는다.

커플 교환 일기라고 알아?

먼 옛날, 교환일기가 유행한 적이 있다. 친구나 커플이 한 권의 다이어리를 주고받으며 서로의 마음을 공유하던 둘만의 시스템. 교환일기는 속마음을 정기적으로 털어 놓을 수 있는 유용한 수단이라, 빼곡하게 손 글씨를 쓰고 다이어리를 알록달록 꾸미기도 하며 우정과 사랑을 키워나갔다. 그런 아날로그적 낭만이 앱 서비스로 다시 부활했다. 커플 다이어리 앱인 썸원은 둘만의 과거와 현재, 미래를 'Sumlog'라는 캘린더에 기록하고 실시간으로 공유하며 서로의 빛나는 날들을 하나의 캘린더에 차곡 쌓는다. 매일 하나씩 둘에게 공통으로 도착하는 사랑에 관한 질문들은 몰랐던 서로의 면면을 들여다볼 수 있는 멋진 선물이다. 2019년 크리스마스이브에 베타 버전을 오픈한 썸원은 700만 명의 가입자, 하루 100만 명이 사용하는 대표적인 커플 서비스다.

하루 한 번, 색다른 서로를 알아가는 질문

썸원이 더 특별한 건, 커플에게 서로를 더 디테일하게 알아갈 수 있는 예상치 못한 질문을 던진다는 것. 매일 같은 시간, 공통의 질문이 커플에게 도착하고 두 사람이 모두 답해야만 다른 질문을 받을 수 있다. '최근 당신이 발견한 상대방의 귀여운 모습은?', '당신이 가장 좋아하는 아이스크림은?', '상대방이 좋아진 결정적인 순간은?', '지쳤을 때 힘이 되는 연인과의 추억은 무엇인가요?'처럼 서로에 관한 생각이나 취향, 가치관, 오직 나에게만 보여주는 모습과 감정을 알아볼 수 있는 때로는 깊고, 때로는 위트 있는 질문들이다. 썸원은 물어보고 싶지만 그럴 수 없었던 질문들이나 내가 미처 떠올리지 못했던 우리 커플의 깊고, 또 가벼운 내면들에 관한 질문을 대신 해 주는 역할을 하기 때문에 시작한 지 얼마 되지 않은 연인들에게도, 오랜 커플에게도 특별하고 새로운 설렘을 가져다 주는 순기능을 한다. 서로의 답변을 보고 더 깊은 토론을 나누는 것은 덤. 사랑을 유지하는 데 중요한 것은 대화라는 사실을 기억하자.

함께 사랑을 키우는 재미

썸원에는 '반려몽'이 있다. 꾸준히 출석해 문답을
작성하면 두 사람의 사랑을 먹고 무럭무럭 성장
한다. 작았던 반려몽이 점점 성장하는 모습은 마
치 더욱 단단해지고 뜨거워지는 커플의 사랑과
도 같다. 나를 사랑하는 나, 나를 사랑하는 너. 그
어느 때보다 행복하고 찬란한 지금 우리의 순간
들을 썸원에 담는 일. 유일무이한 우리의 기록이
된다.

Brand's Comment

"썸원은 '너'를 알아가는 동시에 '나'를 설명하는 과정을
통해 각각의 개인이었던 두 사람이 '함께'(Sum) 만나 '우
리'(One)가 되는 과정을 돕죠."

— **박다원 썸원 마케터**

⊙ @sumone.luv

Ofr. Seoul

파리, 너와 나, 취향의 발견

서울에 파리의 독립 예술 감성을 그대로 만날 수 있는 곳이 있다.
Ofr. Paris의 전 세계 유일한 분점 Ofr. Seoul은 익숙한 도시 속,
이국의 취향과 공기를 전한다.

Open Free Ready

파리 마레 지구는 젊은 파리지앵의 성지다. 감각적인 패션 브랜드와 소품샵이 즐비한 이곳에 독립 서점 Ofr. Paris가 있다. 예술가들의 무대이자 예술을 나누는 공간으로서 전 세계인의 사랑을 받아 온 Ofr.은 영화를 전공한 알렉상드르 튀메렐이 1996년 설립했다. 무일푼으로 시작했다는 뜻을 담아 창립 당시 프랑스 화폐 단위였던 프랑(fr.)을 사용, 0원이라는 뜻으로 0fr.로 지었다. 그 후 알렉상드르는 각 글자로 시작하는 Open,

Free, Ready가 오에프알의 정신을 담아냈다고 생각해 추가적으로 덧붙여 슬로건화했다. 오래된 빈티지 서적부터 예술가의 사진집과 도록, 독립 서적이나 매거진을 다루며 25주년을 맞은 2021년에는 자체 출간물 작업을 함께한 160명의 작가들의 이름을 새긴 에디션 상품을 제작, 판매하기도 했다. 확고한 철학이 만들어 내는 이곳만의 독특한 분위기는 오래도록 젊은이들의 발걸음을 이끌었다.

영감을 주는 서적과 오브제

0fr. Seoul은 파리에 머물렀던 박지수 대표가 0fr. Paris에 매료되면서 시작됐다. 빈번히 드나들다 친구가 된 알렉상드르가 박지수 대표에게 분점을 제안한 것. 2018년 성수에 작게 문을 열었고, 2019년 서촌의 2층 단독주택에 자리 잡았다. 파리 본점에 가본 사람들은 마치 시공간 이동을 한 것 같다는 말을 할 정도로 분위기가 비슷하다. 이유는 알렉산드르 튀메렐이 직접 서울로 와 공간을 큐레이션했기 때문. 그뿐 아니라 일주일에 한 번, 파리에서 상품들이 도착한다. 시중에 만날 수 없는 해외 예술 서적과 정기 간행물 덕에 정기적으로 다녀가는 단골도 많다. 국내 서적은 프로젝트 그룹 '커플의 소리'의 출판물 등 소규모로 다룬다. 0fr. Seoul에는 서적뿐 아니라 캔버스백과 스웨트 셔츠, 모자 등 로고가 새겨진 다양한 상품을 함께 판매하는데 젊은 여성들의 선호도가 높다. 일본 현지에도 지점이 알려져 최근에는 많은 일본인 관광객들이 찾는다. 2층에는 국내에 알려지지 않은 해외 브랜드 셀렉 오브제를 소개하는 미라벨(Mirabelle) 서울이 있다. 쉽게 찾아볼 수 없는 독특한 라이프스타일 제품과 악세사리를 소개하는 힙스터의 성지다.

서로의 취향을 탐색하는 공간

두 공간 모두 여성 방문객이 압도적이지만, 연인의 손에 이끌려 처음 찾은 남성 방문객 역시 독립 서점이라는 정체성, 그것도 서울에서 만나는 자유로운 분위기에 금세 동화된다. 종종 팝업처럼 진행되는 북사이닝 행사는 친구나 커플이 함께 실크 스크린 체험을 할 수 있는 기회다. 익숙함에서 벗어나 서로의 취향을 탐색할 수 있는 공간 0fr. Seoul을 찾아보자.

Brand's Comment

"연인과 오래가기 위해서는 서로의 취향을 확실히 아는 게 필요하죠. 0fr. Seoul은 색다른 오브제를 경험하며 얻는 취향의 발견뿐 아니라 서적을 통한 내적 가치관을 알 수 있는 계기를 주는 공간입니다."

— 김현진 0fr. Seoul 서적 담당

📍 서울 종로구 자하문로12길 11-14
📷 @ofrseoul
　 @mirabelle.seoul

SEOULBREWERY

수제 맥주와
감성이 만났을 때

다양한 맥주 브랜드들 중에서도 서울브루어리는 독특하다.

기존 스타일을 실험적으로 해석하고 탐구해 만드는 다양한 수제 맥주 종류,

감각적이고 담백한 무드의 공간. 이제는 단지 맥주가 아닌, 다채로운 경험을 통해

남다른 감성, 새로운 문화를 만들어 가고 있다.

도심 속 수직 양조장이자 복합 문화 공간

서울브루어리는 독특하고 새로운 수제 맥주를 맛볼 수 있는 곳으로 알려져 있다. 최근에는 요즘 가장 힙한 지역인 성수동에 국내 최대 규모의 '도심 속 수직 양조장'을 열어, 성수동의 또다른 힙플레이스로 인기를 끌고 있다. 서울브루어리 성수점에는 공간을 수직으로 관통하는 원기둥을 따라 지하부터 이어지는 파이프라인을 통해 맥주를 제조하는 양조 시스템이 갖춰져 있어 파이프와 연결된 탭에서 바로 따른 신선한 맥주를 마시며, 그 과정을 눈으로 즐길 수 있다. 흔치 않은 '도심형 양조장'의 답을 찾은 것 같다. 또 단순히 양조장에 머무르는 것이 아니라, 1층 카페에서부터 2층 탭하우스, 3층 다이닝, 4층 양조장, 5층 문화 공간까지. 맥주를 중심으로 다양한 감성과 경험을 즐길 수 있는 복합 문화공간이다. 늘 기존 스타일에 새로움과 반전을 더하는 서울브루어리다운 곳이다.

다채로운 맛, 스토리가 있는 맥주 스펙트럼

서울브루어리에서는 소규모 부티크 브루어리답게 이곳만의 섬세한 레시피가 담긴 수제 맥주를 다채롭게 맛볼 수 있다. 연중 선보이는 이어라운드(Year-round) 맥주와 제철의 다양한 재료를 활용한 시즈널(Seasonal) 맥주로 나뉜다. 가장 인기 있는 것은 이 곳의 새로움과 정체성을 담은 이어라운드 맥주 6종이다. 라거, 필스, IPA, 에일, 흑맥주 스타일 등으로 구성되어 선택의 폭이 넓다. 스토리가 담긴 네이밍도 이색적이다. 호밀이 들어가 있는 샐린저(Salinger Rye IPA)는 『호밀밭의 파수꾼』 저자 이름, 시그니처인 페일블루닷(Pale Blue Dot IPA)은 칼 세이건의 우주에 관한 책 『코스모스』에서 지구를 창백하고 푸른 점으로 묘사한 것에서 영감을 받았다. 맥주뿐 아니라, 네이밍을 통해 그 스토리까지 알아가는 것. 서울브루어리가 제안하는 맥주를 즐길 수 있는 또 다른 방법이다. 그래서인지 이 곳을 찾는 이들은 고집하던 취향에서 벗어나, 수제 맥주의 새로운 맛을 흥미롭게 탐험해 나갈 수 있다.

수제 맥주를 통해 선사하는 경험

서울브루어리는 수제 맥주의 새로운 '스타일'을 추구한다. 무엇보다도, 맥주를 즐기고 맛보려는 이들에게 경계를 짓지 않는 '경험'을 선사하고 싶다. 수제 맥주에 대한 정보를 전하는 주말 브루어리 투어, 맥주를 마시며 즐기는 문화 공연, 다양한 브랜드와 콜라보해 개발하는 맥주와 굿즈 제작 등을 시도하고 있다. 곧 다이닝 공간이 문을 열면, 파인다이닝 요리를 즐기며 코스에 따라 맥주를 페어링해 보는 특별한 경험도 가능하다. 어쩌면 수제 맥주를 단지 맛뿐만이 아니라 문화적 감성을 녹여 즐길 수 있는 곳인 셈이다. 서울브루어리가 이 곳을 찾는 연인들에게 추천하는 맥주는 기존 IPA에서 도수를 낮춘 서울 세션 IPA. 천천히 취해가며 나누는 이야기들과 함께 서로를 더욱 밀도있게 알아갈 수 있는 시간이 되어 주지 않을까.

Brand's Comment

"수제 맥주가 낯설더라도 즐기다 보면 어느 순간 눈이 번쩍 떠지면서 새로운 세계가 열려요. 항상 마시던 맥주들만 마시는게 아니라, 또 다른 맛에 도전해 보고 서로 공유할 수 있는 취향도 찾으면서 함께하는 경험이 더 확장되지 않을까요? 또 서울브루어리는 모든 연인들에게 그런 성장의 경험을 선사하고 싶고요."

— 염현성 서울브루어리 마케터

📍 **성수** 서울 성동구 연무장길 28-12　　**합정** 서울 마포구 토정로3안길 10

📷 @seoulbrewery

Nono Shop

없는 것이 많지만
더 가득 채워가는

환경을 생각하는 지속가능한 라이프스타일에 대한 필요성은 누구나 공감한다.
하지만 늘 '내가, 스스로' 해 보기란 엄두가 나지 않는다. 이 평범한 이들을 위해 이태원에
제로웨이스트 비건숍 노노샵이 오픈했다. 유해 물질, 새 그릇, 넘쳐나는 상품,
높은 문턱은 없지만, 더 건강한 삶의 방식을 더할 수 있도록.

지구를 위해, 문턱을 낮춘 지속가능 멀티숍

노노샵은 노플라스틱, 노애니멀(No Plastic, No Animal)' 메시지를 담아 외국인 방송인 줄리안이 만든 제로웨이스트 겸 비건 그로서리다. 사실 제로웨이스트숍들이 늘고 있지만 때로는 그 숍들이 거기서 거기. 이제 좀 식상하기도 하다. 하지만 노노샵을 방문하는 이들은 진심이 담긴 이 공간의 구석구석, 공을 들여 큐레이션 한 상품 하나하나에 흥미를 느끼고 공간 자체의 매력에 이끌리다 자연스럽게 제품들과 그 속에 담긴 지속가능한 삶의 방식에 대해 생각한다.

노노샵은 친환경적인 삶의 방식에 대해 애써 계몽하지 않고 에둘러 말한다. 새로 생긴 동네 마트에서 그냥 저녁 식재료를 사고, 수세미를 사고, 곡물을 산다. 다회용기에 담아 사보고, 비건 식재료도 충분히 맛있고 다양할 수 있다는 경험을 한다. 그냥 가벼운 마음으로 들를 수 있는 지속가능 멀티숍이다.

자연스럽게 친환경적인 삶을 만나는

노노샵의 공간은 제로웨이스트숍, 비건그로서리 리필스테이션, 베이커리 카페로 구성되어 있다. 제로웨이스트숍 존에서는 다회용 제품, 업사이클링 생활용품 등을 큐레이션 해서 판매한다. 이 곳만의 차별화된 공간인 그로서리에서는 비건 라면, 대체육, 과자, 비건 와인, 간편식 등, 비건 제품이 이렇게 많았나 싶을 정도로 다양한 100퍼센트 비건 식재료를 선보이며 어렵기만 했던 '비건'의 길을 쉽게 갈 수 있도록 유도한다. 가장 눈길을 끄는 공간은 '리필스테이션'이다. 제로웨이스트숍을 다니며 친환경 제품들을 구입하더라도 곡물, 향신료 등, 식재료를 리필해 구입하는 것은 번

거롭고 유난스러운 일처럼 느껴지지만 노노샵은 좀 더 합리적인 가격으로 필요한 양만큼 구입할 수 있도록 한다. 물론 비건들에게는 굳이 성분표를 따지지 않아도 무엇이든 그냥 고르면 된다. 이런 경험을 흥미로워하는 고객들이 다수. 어쩌다 들른 이 곳에서 자연스레 질문을 던지며 친환경적인 삶 속으로 발을 들이게 된다.

부담없이 들르고, 즐기는 친환경 복합문화공간

이 곳의 고객은 대부분이 동네 주민들이다. 동네에서 맛있는 카페로 유명한 노노숍의 카페로 차 한 잔 마시러 와서 쇼핑도 하고, 수다도 떨면서 가까운 곳에 지속가능한 삶을 돕는 숍이 있다는 것을 알게 된다. 때로는 커플들이 함께 방문해 건강한 환경에 대한 관심을 나누기도 한다. 노노샵은 이들에게 생활 속 문화로 지속가능한 삶이 녹아들 수 있도록, 복합문화공간을 지향하며 다양한 행사도 마련한다. 파타고니아나, 러쉬 등 친환경을 지향하는 브랜드 관계자의 강연, 와인소믈리에와 함께 비건 와인 즐기기 등, 커플들이 함께하면 흥미로울 경험이 많다. 평소 데이트와 다를 바 없이, 새로운 공간을 충분히 즐기는 것만으로도 더욱 특별해 질 수 있는 시간이 된다. 부담 없이 노노샵에 들러보자. 지구를 위협하는 것들 대신, 더 가치 있는 경험으로 채워질 것이다.

Brand's Comment

"지속가능한 삶을 편견 없이 경험하고 알아갔으면 해요. 연인들도 마찬가지죠. 새로운 라이프스타일을 혼자 경험하는 것과, 함께해 보며 더 용기를 낼 수 있고 또 그렇게 지구를 위한 변화가 시작되지 않을까요?"

— **김연정 노노샵 매니저**

📍 서울 용산구 보광로 90 202호
📷 @nonoshopseoul

일상 속,
행복을 파는 마트

그저 그런 시간으로, 어제와 다르지 않게 스쳐지나갔지만, 작은 기쁨과
행복을 주는 것들이 있다. 직접 요리한 한 끼 식사, 출퇴근 길을 책임지는 플레이리스트,
마음에 새기고 싶은 한 구절. 해피어마트는 이런 매일의 행복 찾기를 돕는다.
그냥 마트에서 쇼핑하듯. 그렇게 쉽게, 일상적으로.

누구나 행복한 사람이 될 수 있다

해피어마트는 수년 전부터 두꺼운 팬층을 확보하며 지속적으로 성장하고 있는 브랜드 '오롤리데이'에서 전개하는 편집숍이다. 오롤리데이는 '누구나 행복한 사람이 될 수 있다'를 모토로 행복에 대해 진지한 이들이 행복을 돕는 문구에서 생활용품까지 다양한 제품을 만들어 왔다. 해피어마트는 오롤리데이의 작은 쇼룸에서 시작됐지만, 이제 하나의 독립된 브랜드로 세상에 있는 다양한 제품을 '행복'이라는 관점으로 큐레이션

하고 오롤리데이 제품을 비롯해 행복을 돕는, 혹은 행복을 전하는 철학이 담긴 다양한 제품을 판매하고 있다. 다양한 편집숍이 넘쳐나는 성수동에서도 알록달록한 해피어마트의 심볼이 시선을 잡아끈다. 이 심볼에는 '행복을 구매했더니 더 행복해졌어!'라는 유쾌한 스토리텔링이 담겨 있다. 탄탄한 팬층의 입소문을 타며 해피어마트 안은 언제나 북적인다.

하루에 하나씩 쉽고 재미있게, 행복의 재발견

해피어마트는 단순히 제품 판매에만 열을 올리지 않는다. 마트에 들어서면 오늘의 행복 자판기(Happiness to-go)가 눈에 띈다. 버튼을 누르면 누구나 하나의 행복 메시지를 출력해 가질 수 있다. 매장 안은 일상에 행복을 더할 수 있는 다양한 제품들이 테마별로 구성되어 있다. 특히 '원데이 원해피(One Day, One Happy)'를 테마로 구성된 제품들은 행복이라는 철학과 메시지를 판다는 해피어마트의 아이덴티티를 가장 잘 보여준다. 음악, 음식, 장소 등 하루에 하나씩, 이를 통해 어떤 행복을 느꼈는지 좀 더 구체화하고 되돌아볼 수 있도록 유도하는 다이어리, 수첩 등이 있다. 막연하고 어렵기만 했던 행복을 소소한 일상 안으로 들일 수 있는 작은 수단이 된다. 이 제품들을 들여다보면 행복이라는 것이 먼 일은 아니라는 것. 기록을 통해 체감할 수 있는 소소한 것들로부터 행복이 시작된다는 것을 새삼 깨닫게 된다.

사랑하는 이들에게 가장 의미 있는 선물

해피어마트는 더 많은 해피어들과 소통하기 위해 확장할 예정. 1월에는 수원 스타필드에도 개장한다. 또한 행복 메시지를 전하기 위한 강연, 소통 프로그램도 다채롭게 만들어 갈 계획이다.

해피어마트를 통해 하루, 한 주, 한 달, 그리고 한 해의 시간을 되짚어보며 자신도 잘 몰랐던 행복 이야기를 사랑하는 이들과 함께 나눠보는 것은 어떨까. 뻔하기만 했던 데이트코스, 늘 그저 그런 대화 보다는, 한 해의 행복한 순간들에 대한 레포트를 함께 써 보며 서로에게 해피어가 되어 보는 것도 좋다. 우리의 사랑이 얼마나 성장했는지 돌아보며, 앞으로의 행복을 어떻게 쌓아갈지 마주하는 것만으로도 더 단단한 관계의 계기가 될 것. 지금 해피어마트로 달려간다면, 특별한 신년 선물세트가 준비되어 있다.

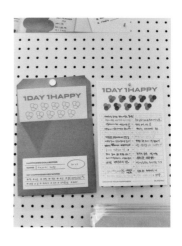

Brand's Comment

"바른생각이 건강한 사랑이라는 메시지를 전하는 것처럼, 해피어마트도 행복이라는 큰 카테고리 안에서 건강한 사랑을 돕는 역할도 합니다. 연인이지만 서로를 잘 알지 못하는 경우도 많아요. 직장생활에 치이고 바쁜 일상을 살아가다 보면, 함께 쌓아온 시간들을 되짚어 보는 일도 어렵죠. 그럴 때, 해피어마트 제품들로 서로간의 행복 리포트를 만들어 보는 것을 추천합니다. 서로 더 잘 알아가며 성장하는 시간이 되지 않을까요?"

— 모나 해피어마트 브랜드 매니저

📍 **성수점** 서울 성동구 연무장길3, 1층
수원점(수원스타필드) 경기 수원시 장안구 정자동 111-14, 4층

📷 @happier.mart_official

건강한 사랑을 만드는
라이프스타일 탐구

바른생각

'바른생각?' 콘돔에 쓰인 것치고는 너무도 정직한 텍스트와 컨텍스트가 머릿속에 바쁘게 나선을 그리다, '맞지 성이라는 건 숨길 게 아니라 아름다운 거지' 하는 순간의 성찰이 "재밌다!"는 언어로 이어진다. 2014년 등장한 바른생각은 이제 '올바른 성문화'를 알리는 것을 목표로 건강한 사랑을 만드는 즐거운 라이프스타일을 탐구한다.

올바른 성이 문화가 될 때

계산대에 올리는 순간 왠지 부끄러워지는 품목 중 하나를 꼽으라면 단연 콘돔이 아닐까? 구매의 순간을 참을 수 없어서, 혹은 단순히 사용하기 싫어서 발생하는 결과는 때로 우울하고 어마어마하다. 그래서 바른생각은 첫 번째 미션으로 '올바른 피임 문화 만들기'를 설정했다. 브랜드 명에서부터 메시지를 던졌고, 사용자들은 단번에 이해한 듯했다. 일본, 미국의 콘돔 제품이 가장 잘 팔리던 당시 시장 상황을 제치며 이제는 확고한 국내 1위로 자리 잡았으니까. 위트 있는 브랜딩으로 남녀노소 모두의 구매 난이도를 낮추려는 노력도 한 몫을 했다.

요즘의 우리는 솔직하게 터놓고 이야기할수록 건강한 것이 성이라고 배우지만 여전히 어두운 그늘 밑에 있다. 하지만 그게 하나의 '문화'가 되면 어떨까? 생각의 확장이 이어졌고, 바른생각은 '올바른 생각이 모여 문화가 되다'라는 슬로건을 만들었다. 콘돔 제품에 국한하지 않고 건강한 성 문화를 만들고 알려, 커플의 관계가 더 즐겁고 행복할 수 있도록 콘텐츠 제작은 물론, 라이프스타일과 헬스케어 제품까지 확장을 시도하고 있다.

EXTREME
AIR FIT
두께가 더욱 얇은 익스트림 에어핏

EXTREME
AIR FIT
두께가 더욱 얇은 익스트림 에어핏

바른생각

GEL
STANDARD
허브 보습성분으로 촉촉함을 길게,
모두가 좋아하는 수용성 젤 스탠다드

GEL
STANDARD
허브 보습성분으로 촉촉함을 길게,
모두가 좋아하는 수용성 젤 스탠다드

바른생각

GEL
HEALTHY
LOVE

바른생각

GEL
HEALTHY
LOVE

LATEX
CONDOM

WATERY
AIR FIT
수용성 젤로 촉촉한
워터리 에어핏

12PCS

바른생각

WATERY
FINGER FIT
얇은 두께에 촉촉한
젤을 더한 워터리

WATERY
AIR FIT
바른생각

WATERY
AIR FIT
바른생각

핵심은 바로 사랑 그리고 위트

"믿고 사는 바른생각" "위트 넘치는 브랜드"라는 고객의 피드백 속에 성 관련 문화 선두주자로 주목 받는 바른생각. 고객의 긍정적인 믿음을 바탕으로 바른생각은 유튜브 채널 '알성달성'을 열었다. 올바른 성 지식을 재치 있게 풀어내기 위해 늘 골몰하며 완성하는 콘텐츠다. 성에 대한 잘못된 상식을 바로잡기도 하고, 어디에 묻기조차 힘들었던 질문에 밝게 답한다. 최근에는 유튜버 오킹과 함께 '오킹성'이라는 콘텐츠를 공개하고 있는데, 반응이 좋다. 올해 처음 선보인 '바른 청년 선발대회'에는 1000명의 지원자가 몰리기도 했다. 매년 열릴 이 행사는 커플의 건강한 관계를 위해 함께 참여하면 아주 특별한 데이트가 될 것이다.

성관계는 결국 사랑으로부터 이어진다. 때문에 자꾸만 금기시되곤 하는 성이라는 주제가 양지에 있어야만 건강하고 올바르게 논의될 수 있다. 이러한 사고의 확장은 콘돔과 핑거 콘돔, 젤 같은 성관계 관련 제품에 주목했던 바른생각이 특유의 위트를 발휘해 또 다른 라이프스타일 제품을 개발하는 원동력이다. 편안한 커플 드로즈 속옷, 실키한 블랭킷, 성관계에 즐거움을 주는 쿠션 등을 선보이며 더 많은 사람들의 사랑을 받고 있다. 특히 40도 쿠션은 서로가 만족할 수 있는 다양한 자세를 만드는 데 도움을 주어 커플들의 호응을 받고 있다. 서로의 즐거움을 위해 함께 탐구하는 과정은 그 자체로 건강하다.

오래도록 건강한 관계를 위해

매년 발행하는 바른생각 리포트에서는 '관계가 권태로워지는 이유'를 조사한 적이 있다. 압도적 1위는 바로 45.2%로 '피로'가 차지했는데, 짐작만 했지 피로가 사랑의 가장 큰 장애였을 줄이야. 바른생각이 건강 제품에도 주목하기 시작한 것도 이때부터. 지금은 여성들의 질 밸런스를 유지시키는 질 케어 건강제품과 남성들의 활력을 끌어올리는 건강제품을 개발해 출시했다. 최근 출시한 '젤 헬시 러브'는 3등급 의료 기기에 속하는 제품이라 더 안심하고 쓸 수 있다. 이외에도 계속해서 건강에 주목해 다양한 상품을 출시할 예정이다. 올바른 마인드에서 비롯된 한 브랜드는 성이 결국 우리의 건강은 물론 라이프스타일 전체와 연결되어 있음을 새로운 문화로 일깨운다.

Brand's Comment

"성이 우리의 일상 속에서 건강하고 즐겁게 논의될 수 있길 바라는 마음으로 <POETRY> 프로젝트를 시작했어요. 넓게 보면 성도 사랑의 한 영역이잖아요? 그것도 아주 중요한. 여행이라는 주제가 연인에게 서로를 깊이 있게 알아갈 수 있는 소중한 기회이듯, 성도 두 사람이 하나 되어 성장할 계기가 되는 중요한 주제라고 생각해요. 저는 바른생각을 성이 건강하게 논의될 수 있는 문화를 만들어 가는 브랜드라고 소개하고 싶어요."

— **김봉주 바른생각 매니저**

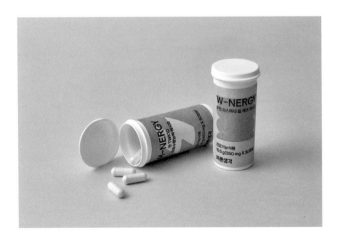

[O] @brsg_official   [▶] @brsg_rsds

인생 쓴 맛, 단 맛 다 본 할머니들의
연애 고민상담소

with 뿜 신이어마켙

참여 시니어

1934년생 함복순 / 1941년생 김명심 / 1940년생 김말엽 / 1945년생 김화자 /

1946년생 강옥자 / 1957년생 배은미

젊은 사랑은 어렵다. 좋아하는 사람을 발견하는 것, 속 끓이며 썸을 타는 일, 누가 더 좋아하는지 마음 키 재기하며 맞춰 나가는 연애의 과정 과정들. 한 연애가 끝나면 헤어짐을 견딘 후 처음부터 다시. 결혼으로 진입한대도 그곳은 때로 사랑과 전쟁의 영역, 안전한 종착지는 아니다. 숱한 고민의 밤이 이어지는 가운데 친구와 밤새 통화를 해 봐도 우리는 고만고만 그 시기를 같이 지나는 동기다.

그래서, 연애고 결혼이고 다 포기하고 차라리 노년이 되고 싶다고? 그러면 인생 쓴 맛 단 맛 다 본 할머니들은 우리 고민에 뭐라고 답할까? 창의적인 시니어 일자리를 만드는 사회적 기업 '아립앤위립'의 소셜 브랜드 '신이어마켓'에서 일하는 여섯 명의 할머니들이 답한다. 60대부터 90대까지 할머니들의 유쾌하고, 때로는 명쾌한 답으로 복잡한 마음이 약간은 후련해지기를.

Q1. 손도 잡고 매주 데이트도 하고, 솔직히 진도가 좀 나갔어요. 근데 사귀자고 말을 안 해요. 이 사람 무슨 생각일까요? 나쁜X에게 걸린 걸까요?

강옥자 받아줄지, 안 받아줄지 모르께 조심스러운 거지~
김말엽 에헤? 남자 여자 둘이 만났으면 사랑이 오고 가고, 연애를 하든 말든 얼른 결판을 내야제!
배은미 너무 결론을 빨리 내려고 하는 거 아니야? 자연스럽게 흘러가는 게 연애지. 초조해 하면 빨리 헤어질 수도 있으니 침착해.

어르신 말씀

그냥좀 기다려봐 ☺

Q2. 고등학교 때부터 찐친이에요. 서로 다른 사람이랑 연애하는 것도, 헤어지는 것도 다 봤거든요. 그런데 어느 날부터 친구가 이성으로 보여요. 고백하고 싶은데, 평생 친구를 하나 잃을 것 같아서 무서워요.

> 배은미   아니, 왜 헤어질 걱정부터 하지?
> 김화자   무조건 끝까지 간다 생각하고 고백을 해야지.
> 함복순   요즘 너무 빨리 헤어지니까 걱정할 만도 허긴 허지!

인생해답

헤어질 생각부터 할거면 시작을 말어~ ☺

Q3. 저는 썸이라도 타고 싶은 모쏠이에요. 대체 어디서 애인을 만나요? 제가 모자라서 그런 걸까요?

> 김말엽   나는 연애는 한 번도 안 해봤는디, 결혼은 했지. 보지도 않고.
> 강옥자   너무 숫기가 없으니께 그건 좀 모자라기는 모자란 거지~
> 김화자   그런 사람이 꼭 있어. 나이가 쉰이 넘어도 결혼을 못 하드라고?
> 김말엽   근디 나도 5년 전에 누가 다짜고짜 내일 은행 앞에서 보자고, 데이트를 걸더라고. 안 갔제! 남자는 다 똑같아부러. 또 한 번은 누가 앞으로 사이를 가깝게 하자고 하더라고?
> 김명심   어머머.
> 김화자   (진지하게) 혹시 그거 혹시 보이스피싱 아니여?

신여성솔루션

집에만 있지 말고 용기를 내라 ☺

Q4. 여친이 하루에도 열 번씩 전화해요. 회사에서 힘들었던 일 포함 시시콜콜한 이야기들을 너무 많이 해요. 저도 바쁜데 너무 힘들어요. 여자친구의 이런 행동 어떻게 해야 말릴 수 있을까요?

배은미 에이~ 헤어져야지. 자기 좋을 대로만 하는 건 안 되는 거지. 게다가 그거 의부증 된다고. 안돼, 안돼. 아무리 예뻐도 안돼, 못 고쳐.

강옥자 아무리 자기가 힘들어도 어느 정도지. 일하는 사람한테 그러면 안 되지.

할매 이야기

사람 고쳐 쓰는 거 아녀. 그냥 헤어져~ ☺

Q5. 남자친구가 얼마 전 어느 모임에서 처음 만난 여자와 몰래 연락하고 있다는 걸 알았어요. 늘 저에게 달콤했던 남자친구이기에 배신감이 들어요. 헤어져야 할까요?

배은미 나한테 친절한 남자는 다른 사람한테도 친절해. 그걸 감수해야 지. 대신 감수할 가치가 있는지 확인해 봐.

강옥자 헤어져야지. 아는 이 남편은 70이 다 됐는데도 아직 여자들 밥을 그렇게 사준다드라고. 늙어도 남자는 똑같애.

어르신 말씀

그런 남자는 나이를 먹어도 똑같어 ☺

Q6. 연애할 때마다 제가 항상 차여요. 언제나 갑자기 이별을 통보 받는데
저는 마음 준비할 시간이 없어요. 이별을 예상할 수 있는 신호는 뭘까요?

김말엽 연애인지 뭐시긴지 안 해봤으니 알 턱이 있나.
배은미 직감적으로 알지 않나?
강옥자 전에 했던 행동이랑은 분명이 달랐겠지. 네가 둔한 거네.

어르신 말씀

니가 둔한거다, 슬퍼 말어 😊

Q7. 헤어지고 난 후 매일 밤 울어요. 평생 못 잊을 것 같아요.
쉽게 잊을 수 있는 방법이 있을까요?

김화자 얼른 새로운 여자를 만나. 그거이 빨리 잊는 방법이지.
배은미 옳지. 그게 정답이지.
강옥자 친구들의 위로를 많이 받아. 친구들 됐다 뭐해.

할매이야기

얼른 새로운 애인 만나라 😊

Q8. 오래 사귀었던 전 남친이 있어요. 새 남친이 자꾸 옛날 남친 얘기를 물어봐요.
어떻게 대처해야 할까요?

배은미 아무리 꼬셔도 말하면 절대 말하면 안돼. 평생 발목 잡히는 거야.
김명심 그건 얘기하면 안 돼.
강옥자 혹시 지가 딴 여자가 있어서 그런 거 물어보는 거 아냐?
배은미 아마 교육의 결과일 텐데, 여자는 남자가 그럴 수도 있지 하고
넘어가지만 남자들은 그걸 빌미로 이용해. 절대 조심해. 그리고
남자들도 알려고 하지마! 알아서 뭐하게?

신여어솔루션

오래매 평생 발목 잡힌다. ☺

Q9. 할머니들이 생각하시는 결혼하지 말아야 할 상대, 결혼하면 좋은 상대는 누구일까요?

김말엽 내 맘에 드는 사람이랑 하라고 허고 싶은데, 난 보지도 않고
결혼을 해부렀네. 그러고 애를 넷이나 낳았어. 넷 낳아 놓고
신랑은 군대 가고 가서 사랑 노래를 보내주더라고. 그거 하나
가슴에 품고 생활력 없는 사람이랑 생고생하며 살다가 먼저
보냈제. 생활력도 중요해.
배은미 복불복이지 뭐. 대신, 얼굴은 보지마. 얼굴보다는 하는 짓이
예쁜지 봐야 해. 시간이 지나면 예쁜 짓이 얼굴을 뛰어넘을
수밖에 없어. 얼굴 그거 잠깐이야.

인심해답

복불복 ☺

Q10. 그러면 결혼하면 절대 안 되는 사람은요?

김화자   자기는 놀고 여자가 돈 벌었으면 하는 그런 사람?

배은미   근데 요즘은 다 그러던데?

함복순   지 몸만 아는 이기적인 사람은 안 돼.

김화자   못 생겨도 괜찮아. 결혼에 책임감만 있으면 돼.

함복순   잘생긴 사람한테 달려들었다가 장 떨어진다는 말도 있어.
         얼굴만 믿으면 안 되는 거여.

어르신 말씀

어쨌든 얼굴만 보면 망해부러 ☺

Q11. 일곱 살 연하 남자친구와 결혼 애기가 오가고 있어요. 원래 나이 생각 안 하고
철없게 살았는데 이상하게 신경이 쓰여요. 마흔이 되면 애는 아직도 서른 셋.
그때 저에게 매력을 못 느끼면 어쩌죠?

배은미   연상연하 아니어도 어차피 시간 가면 다 매력이 없어지지 않나?
         정으로 사는 거지.

김화자   늙으면 얼굴 거기서 거기여 걱정마. 마음이 중요하지.

강옥자   나이고 뭐고 서로 이해하며 사는 게 결혼이지.

함복순   내가 아는 사람도 여자가 여덟 살 많은데 아직 잘살어, 괜찮여.

할매 이야기

늙으면 거기서 거기다. ☺

연애도 결혼도 어려운 요즘 젊은 층에게 한 말씀!

김화자 본인을 귀하게 생각했으면 좋겠어. 만나면 그냥 넘어뜨리려고만 하지 말고! 속 썩이는 사람은 안돼. 우리 아저씨가 나한테 굉장히 잘했는데, 이 사람이 영업을 해서 그랬는지 입이 그냥 청산유수라 지방 가면 꼭 여자를 하나씩 물고 와. 그래서 이혼했어. 사람 잘 알아봐 괜히 고생 말고.

김말엽 우리 손녀딸들도 결혼을 안 해. 왜 이 좋은 세상에 결혼을 안 하려고 허냐. 결혼 안 하려면 호적 파라! 니들이 결혼을 해야 눈을 감지. 혼자 세상에 왔다 혼자 가면 그게 뭔 인생살이요. 별 거 없자녀. 사람은 인연을 만나서 싸움도 하고 애기도 낳고 행복하게 살다 가는 게 인생이여.

강옥자 이궁, 혼자 사는 것도 괜찮아. 자기 하고 싶은 대로 하고 살면서 좋은 사람 만나서 연애도 하다가 혼자 즐겁게 살다 가는 거지. 신랑 뭔 소용 있어 속 썩이면 없는 것만도 못 하지.

배은미 결혼은 선택인데 대신 내가 좋아하는 사람이 있으면 과감하게 시도해야지. 그때 잡을 걸 후회하지 말고. 까이면 좀 어때? 상처받을까 봐 두려워말고 자존심은 갖다 버려. 다른 사람으로 잊으면 돼. 대신 차이면 거기까지. 안 그럼 남에게 피해 주는 행동이잖아.

 김명심 자기만의 세계, 신념이 있으면 혼자 살아도 충분히 행복해.

 함복순 나라 부강을 시키려면 자식은 못 낳아도 둘을 낳아야지.

 배은미 문호를 열면 돼. 왜 젊은 사람들한테 장가가라 시집가라 말이 많아.

신이어마켓 할머니들의 손메시지가 담긴
바른생각 익스트림 에어핏 휴대용 패키지

바른생각 ✕ 신이어마켓

오키나와 날씨

우다영

전 여자친구들과 한 번도 여행을 가본 적 없다는 윤채의 말에 처음엔 솔직히 기분이 좋았다. 그랬구나. 왜 그랬데? 꽤 오래 만난 사람도 있지 않아? 나는 다 짐작하면서도 은근슬쩍 물었고 그때마다 윤채는 진지한 얼굴로 귀여운 정답을 말했다.

"내가 이전에 안 해본 새로운 경험을 별로 안 좋아해서. 근데 너랑은 전부 다 하고 싶어."

그때 나는 속으로 킬킬 웃었다. 아직 진짜 재밌는 연애는 못 해 본 거지. 이것저것 재고 따질 틈 없이 휘둘리는 이끌림, 눈물 쏙 빠져 도동 정신을 차릴 수 없는 물일을 여태껏 경험해보지 않은 거야. 처음 느껴보는 기쁨, 설렘, 놀라움. 처음 알게 된 긴장, 욕망, 용기. 그리고 그 모든 순간을 가져 비로소 처음 만나게 되는 낯선 나 자신의 모습까지. 나는 윤채의 그 모든 처음이 될 준비가 되어 있었다.

하지만 지난 1년의 연애 동안 나는 누손두발 다 들었다.

"넌 정말 운치가 없어."

나는 윤채와 치킨집에서 치맥을 잘 먹다가 난데없이 지난 세 번의 부처님오신 한 번도 챙기지 못한 일을 떠올렸고, 이제라도 백수를 사주겠다고 굳이 이근대로 정착하게 말하는 윤채 때문에 덥도 춥도 않은 화가 폭발하고 말았다. 몸보신을 하자 않고 넘어간 일을 뭐라 하는 게 아니다. 그게 뭐 대수라고. 아무 때나 닭 먹고 닭 먹으면 되지. 근데 그게 아니라고. 다른 사람들은 바보라서 그럼 몰라? 그런 날을 일일이 이름까지 예쁘게 정해 놓은 건 다 평계인 걸. 함께 잘 먹고 잘 살려는, 함께 하려는 마음만 있다면 기념하고 기야하는 즐거움을 줄 수 있는 날들이었다고. 별 거 없이 그냥 만나고 싶으니까 만나서 따운 날 뽑았고 담백한 단 구름을 한술 들 때마다 아 좋다, 진짜 좋다, 말해가며 인삼주 마시자는 거라고. 꽃 피면 꽃 보고, 단풍 지면 단풍 밟고, 너는 주운 날 어깨를 맞대고 누우한 종이 봉지에 담긴 따근한 붕어빵을 한 입 두 입 베어먹어 제미도 놈도는 놈팡이라고 다 비운 오백 전을 확 내려놓으며 소리쳤다. 나 자신도 이 정도일 줄은 미처 몰랐던 활활 타오르는 낯선 분노. 이 연애에서 새로운 걸 처음을 맞이한 건 분하게도 윤제가 아니라 바로 나였다.

윤제는 하룻거냥고 진심으로 충격을 받은 것 같았다. 내가 '노운지'라니. (여기서 좀 피식했다.) 네가 참고 있는 줄 몰랐다고, 난 모든 게 다 행복하기만 했는데 이제부터 자기가 더 잘하겠다고 나를 붙잡았다. (사실 헤어질 생각까지는 없이 꺼낸 건물이었지만 오빠 건들 너무 꽉 내려놓고 말았다.) 또 자기가 어떤 운지를 챙기지 못한 거냐고 제발 말해달라고 사정하는 윤제에게 나는 못 이기는 척 지난날의 서운함들을 술술 열어놓았다. 모쓸도, 꿍매남도, 극성이도 아니면서 직무 태만한 노운지에게!

내 한풀이를 귀 기울여 들은 노운지가 고개를 끄덕였다.

"그래, 좋아. 우선 여행부터 가자."

오키나와는 나를 윤제와 나 각자의 조건을 두루 고려한 선택이었다. 해외라 바로 나왔다.

여행이 처음인 윤제의 심리적 안정감을 위해 지리적으로 가장 가까운 일본으로 갈 것. 그리고 동시에 일본에 공항이 있는 유명 도시는 일제히 모두 섬렵한 내가 유일하게 간 적이 없는 새로운 여행지를 선택하자니 오도카니 오키나와가 남았다.

항공편과 호텔을 정한 뒤, 사실 내 마음은 싱숭생숭했다. 엎드려 절받는 모양새로 잡은 여행이 못마땅했고, 사계절을 꼬박 채워 사귀면서 좋은 시절다 놓치며 가까운 국내 여행도 가지 못한 것이 이제야 실감이 났다. 명백한 사실을 입 밖으로 내고 나자 그동안 외면한 선명한 균열이 보였다. 나는 윤제와 내 관계에 대해 시시때때로 고민하기 시작했고 요즈음 분명하게 마저 복수들 윤제와 나의 거리는 자꾸만 멀어지고 있었다. 그럼에도 부쩍부쩍 다가오는 연속된 여행 날짜는 이런 불편한 내 마음과 상관없이 우리를 옭아매놓은 수갑이나 다름없었다.

하지만 첫 여행이 설렘과 공포 사이에서 전부 들은 윤재에게 그런 내색을 하지는 않았다. 나는 반은 관성으로, 반은 진심으로 모든 일에 성실히 임했고 여행은 차질 없이 착착 준비되었다. 나는 윤재에게 온라인 면세점에서 미리 가성비 좋은 향수와 선글라스 사는 법을 알려주고, 직접 저렴한 통신사 유심을 구매하고, 가볼 만한 여행지와 맛집을 검색해 대략적인 동선을 짰다. 여행 한 주 전부터는 예보된 오키나와 날씨를 살피기 시작했는데 빼도 박도 못 하는 태풍 주간에 당첨되었다.

'이 또한 운제가 있지.'

우연히 지하철에서 파는 크고 튼튼하며 색상까지 촌스럽지 않고 다양한 우비 2개를 산 뒤 사진을 찍어 윤재에게 '보라며 커플 우비'라고 문자를 보냈다. 윤재는 운동 중이었다. 윤재는 아마도 여행이 긴장으로 몸이 굳긴 마음이 걸릴 때마다 실링을 하기 시작한 모양이었다. 윤재도 나도 각자의 방식으로 여행을 꿈꿈히 준비하고 철저히 대비했다.

여행 당일은 순조로웠다. 공항버스는 첫차를 타야 안전한 시간에 도착할 수 있는 아침 비행기였지만 윤재도 나도 제시간에 도착했고 수속을 마치고 면세품을 찾고 커피와 샌드위치로 간단한 아침을 먹을 만큼 여유가 있었다. 윤재는 의욕이 넘쳤고 열정도 과다할 지경이었다. 자기 캐리어와 내 캐리어를 양손으로 끌며 매끄러운 공항 바닥을 쓱쓱 걸어갔다. 비행 시간은 두 시간 반으로 순식간에 오키나와에 도착했다. 나는 휴대폰에 저장해둔 오키나와 맛집 사진들을 보았고 윤재는 고개를 모로 꺾고 한숨 자고 일어났다. 내려가기도 전에 벌써부터 기내에서 느껴지는 4월 오키나와의 공기는 덥고 누추했다. 이게 여행이지. 나는 신이 나서 윤재를 돌아보았고 윤재는 웃에 눌린 자국이 그대로 붉과 고단한 눈을 한 채로 나와 셀카를 찍었다.

공항 창밖을 내다 볼 때, 그리고 전차를 타고 호텔이 있는 억수로 가는 도중에도 우리는 계속 비를 볼 수 있었다. 우비를 꺼낼 준비를 해두었는데 길가로 나갈 때가 되자 마침 비가 그쳤다. 윤재와 나는 물웅덩이가 없는 잘 포장된 길로 캐리어를 끌며 전차를 타고 오는 내내 감탄했던 이국적인 풍경 속으로 곁에 들여갔다. 눈치 않고 넣고 깔끔한 여러 양식의 건물들이 풀과 야자나무와 작은 강을 끼고 구획된 아담한 시내였다. 윤재와 나는 아기자기한 상점들을 하나하나 손가락으로 가리키며 나중에 가보자고 점적어두셨고, 커다란 서점을 보았고, 자전거를 보았으며, 낯선 빛깔과 질감의 벼룩을 발견한 것으로 한참 호들갑을 떨었다. 호텔에 도착했을 때 전형적인 일본 호텔에서 느낄 수 없는 동남아 호텔의 스파 오일 냄새가 난다고, 나는 윤재에게 소곤거렸다. 윤재는 목덜미에 흐르는 땀을 훔치며 천장과 바닥을 구경했다.

삼면이 유리창으로 둘러싸인 방은 속 카드와 암막커튼을 개폐할 수 있는 리모컨이 있었고, 그 창으로 오키나와의 거리 풍경을 내다보니 허공에 붕 뜬 기분이 들었다. 흐린 오후의 풍경도 이렇게 만화 같은데 석양이 지거나, 아침의 밝거나, 내일 아침에 구름 사이로 햇살이 비추주기라도 하면 정말 끝내줄 거라고 말한 사람은 윤재였다. 그럼에도 나는 윤재가 지쳐 보여 사위를 하고 조금 전 뒤에 보송한 피부로 맛있는 점심과 나머지를 먹으러

가지고 말했다. 윤재는 내 말대로 좋아좋아, 하고 좋을 돈우기 바빴다. 앉이 도통하고 옮기가 도는 웅장한 나뭇가지를 내다볼 수 있는 창가 옥조에서 따뜻한 물로 몸을 씻자 나는 밤이라도 샐 수 같은 기분이었다. 처음엔 윤재도 자기 역시 그렇다고 자신 있게 떠들었는데 큰 커다란 침대 위에서 맥없이 잠들어버렸다. 나는 한 시간 정도 자고 기운을 차리는 것도 나쁘지 않겠다고 생각했지만 윤재는 꽤 긴 시간 내리 잤고 꿈꿈 앓기까지 했다. 해가 지기 시작하자 삼면이 유리창인 허공의 방은 순식간에 깜깜해졌다. 나는 윤재의 이마를 손바닥을 짚으며 괜찮은 거냐고 물었고, 그게야 윤재는 목이 잠긴 목소리로 허리가 아프다고 말했다.

밤낮 가리지 않은 무리한 운동이 문제였는지, 내 집까지 혼자 이고 지고 끌고 다니던 것이 문제였는지. 정확한 몸 상태를 솔직히 말해달라고 하니 윤재는 걸음을 순 있지만 빠르게 전진 못하겠고, 앉을 순 있지만 으때 앉아 있을 순 없을 것 같다고 털어놓았다. 나는 그 정도면 충분하다고 기죽은 윤재를 달랬다. 예정된 일정을 받으로 줄여도 문제없고 천천히 전천히 여유 있

는 냄포로 이 여행을 즐기면 되는 거라고. 휴대폰으로 지도를 살피며 알아봐둔 음식점 중 호텔에서 그리 멀지 않은 집에서 앉아 저녁과 술을 내려먹자고, 가는 길에 돈키호테가 있으니 진통제와 파스를 사자고 말했다.

인형 뽑기 기계 뒤에 숨어 내가 윤제 허리에 붙여준 파스는 즉시 피부를 시원하고 뜨겁게 마사지하며 음식점에 도착할 즈음엔 통증을 가라앉히는 효과를 발휘했다. 붉은 윤제가 주장이었지만 나는 믿어주었다. 여행을 망치지 않으려고 애쓰는 윤제가 안쓰럽고 고맙기까지 했다. 그동안 윤제를 볼 때 미워하며 옆에 던진 마음이 눈 녹 듯 사라지는 것이 느껴졌다. 그래, 우리 사랑 이대로만!

아침 비행기를 타고 온 것이 무색하게 너무 늦어진 오키나와에서의 첫 끼는 놀랄 만큼 훌륭했다. 오키나와 음식이 그다지 맛있지 않다는 평에 신경 써서 고른 보답이 있었다. 일본 전통 양식과 오키나와 양식이 뒤섞인 가옥에서 정원이 내다보이는 테이블에 앉자 직원이 일본어 메뉴판을 가져다주었다. 그는 영어나 한국어를 할 줄 몰랐고, 이런 외국인 관광객이 낯설지만 최선을 다해주려는 진정을 품고 있었다. 곧 손님들이 몰려와 크지 않은 가게 내부가 가득 찼고 그들이 모두 현지인이라는 것을 확인하자 나는 이미 성공을 확신했다. 안주로 차린 숙성 스시와 마와 청어를 넣고 간단하게 선마끼를 맛보고 윤제는 영영 웃었다. 최고의 집을 찾는 비법을 알려 달라기에, 현지인 리뷰에 거래처 사람을 데려갔었다는 말이 있는 곳이 진짜라고 알려주었다.

최고의 기분으로 잠들었지만 다음 날 윤제의 상태는 더 나빠졌다. 윤제는 움직일 수 있다고, 산책을 하는 게 오히려 통증을 줄이는 데 도움이 될 것 같다고 우겼지만 좁은 보폭으로 조심조심 자주 쉬어가며 걷는 게 고작이었다. 그래도 누워 있는 것보다는 낫겠다는 계산에 예정대로 수산시장에 가보기로 했다. 풀과 나무로 우거진 부두라니 분위기가 스산했고, 길 한쪽에는 오래된 고성 터 혹은 무덤처럼 보이는 폐쇄된 공간이 있어서 호기심이 일었다. 구름 사이로 적당히 해가 나와 반짝이는 신체검은 그아늑한 산뜻

했는데, 15분이면 갔을 거리를 한 시간 이상 걸어야 했다. 겨우 도착한 수산시장에서 지쳐버린 윤제는 입맛이 없다고 어제 해산물을 먹어서 별로 먹고 싶지 않다고 말했다. 윤제는 항상 회보다 고기였다. 하지만 내가 시키는 대로 똔득한 대하회 위해 달콤하고 부드러운 우나와 상큼한 연어 알을 얹어 먹고고 기절해버렸다. 이렇게 맛있는 음식은 처음이라고, 허리가 다 나으겠처럼 자리에서 일어나 진짜로 춤을 췄다. 나도 깜빡 속음 뻔했지만 윤제의 허리는 시간이 지날수록 통증을 더해갔다.

오키나와에서의 남은 일정은 시도와 중단의 연속이었다. 걷기를 좋아하는 윤제와 나는 대부분의 이동 동선을 도보로 기획했느데 그 모든 코스가 무산되었다. 교통수단을 이용한 먼 거리 이동도 한 가지 자세가 가장 큰 통증을 준다는 윤제의 말에 따라 제외되었다. 붉은 나무로 지어진 류큐식 성을 구경하는 일은 다음으로, 기약할 수 없다는 것을 알면서도 다음으로 미뤄두었다. 오키나와식 백반집에 갔을 때는 윤제가 통뿐이 없는 의자에 앉아 있을 수 없어 허겆지겁 먹고 나왔다. 나는 지도로 인근 공원을 찾았고 벤치

를 찾아 윤제를 눕혔다. 윤제가 노숙자처럼 보여 나도 건너편 벤치에 누웠다. 이제 우리는 오랜만에 난 햇살을 쬐는 윤지 있는 사람들처럼 보였다. 내가 그런 생각을 말하자 괴로워하던 윤제가 조금 웃었다. 피로쵀한 고양이가 지나가고 외국어로 떠드는 아이들이 지나가는 동안 낮잠을 청해보았지만 햇살이 너무 따가워 오래 마무를 수 없었다. 나는 우비와 마친가지로 그늘 없는 곳을 오래 걸을 때를 대비해 챙겨온 경량 양산을 거냈다. 윤제는 나에게 체중을 의지하던 자세 그대로 나를 개안았고 내 어깨에 이마와 코를 비비며 사랑한다고 자길 버리지 말라고 속삭였다.

하지만 먼저 화를 낸 건 윤제였다. 우여곡절 속에서도 재미있고 즐거우며 희박했던 여정이 파팍 자울없던 오키나와 여행을 마무리하는 순간 모든 것이 깨져버렸다. 공항으로 돌아가는 길이었고, 두 개의 캐리어를 혼자 끌게 된 나를 거들지도 그냥 두지도 못한 윤제는 오히려 내 진로를 방해하는 모양세가 되었다. 나는 평평한 포장도로에서는 바퀴 달린 캐리어를 확획 밀며 나아가고 있었는데 캐리어 손잡이를 잡아끌는 듯 말 듯 얼쩡거리던 윤제의

집 늘어놓았을 운제도 내 차가운 기세에 얼어붙어 있었다.

"내 친구 중에 말이야."

"어어."

내가 한참 만에 입을 열자 운제는 최선을 다해 고개를 끄덕였다.

"미국 여행 중에 아버지가 발목을 접질러서 승무원들이 휠체어를 내어줬대. 그 위에 앉아 무릎 위에 담요까지 덮고 나니까 아버지는 영락없이 중환자처럼 보였는데 그런데도 휠체어를 탄 승객은 심사 수속 대기 줄을 빠르게 패스할 수 있는데도 더 아픈 사람처럼 기운 없는 표정을 지으셨대. 내 친구가 뒤에서 휠체어를 밀었는데 아버지 장단에 맞춰드리려고 자기가 집안에 우환 있는 사람이라고 상상했대."

"우와 재밌다."

순이 앞으로 획 딸려가고 말았다. 한순간 중심을 잃은 운제는 나에게 소리를 지르고 말았다.

헤어지자. 헤어질 거야.

나는 공항으로 가는 전차 안에서 한마디 말도 없이 운제의 시선을 피하며 딴 창밖만 바라보았다. 속으로는 군은 다짐을 하고 있었고 운제는 독심술을 하듯 내 마음의 소리를 모두 다 듣고 있었다. 그럼 뭐? 헤어져야지. 헤어질 거야.

공항에 도착하자 시원한 에어컨 바람에 살 것 같았다. 그제야 우리가 폭염 속을 걸어왔다는 것을 깨달았다. 나는 원래 먹으려고 계획했던 유명한 소금 아이스크림 가게로 향했다. 남은 동전으로 적당한 토핑을 넣을 소금 아이스크림 두 개를 사서 하나를 운제에게 건네는 동안 나는 운제를 쳐다보지도 않았다. 평소 같았으면 실수를 만회하기 위해 벌써 신소리를 주절주

"진짜?"

"진짜……"

"아버지와 좋은 추억이 하나 생긴 거지."

"우리 오키나와 여행도 최고의 추억이야! 나는 너랑 최고의 추억을 갱신하며 살 거야!"

"아까처럼 소리치네."

운제는 흡, 하고 입을 다물었다. 돌아보자 운제가 길 잃은 우리처럼 나를 따라오고 있었다. 손에 들린 소금 아이스크림은 담고 째만 녹아내리고 있었다. 나는 문득 중요한 사실을 깨달았다. 이번 오키나와…… 폭풍과 폭염 사이에 흉케 다녀왔네. 흐리고 궂은 날씨인 줄 알았지만 가장 부드럽고 시원한 순간이었어. 그러자 정신이 많아졌다.

"휠체어를 달라고 해보자. 이렇게 아픈 사람이 휠체어를 타야지 누가 타겠어."

내가 제안하자 운제는 반신반의했다. 정말 승무원이 가져다준 장난감 같은

나무 휠체어를 받았을 땐 의욕이 더 질어졌다. 이게 과연 꼭 필요할까? 나는 해보지 않은 일에 지레 부정적인 상상부터 하는 운제의 눈빛을 잘 알고 있다. 그렇지만 일단 해보고 나면 대체로 아이처럼 좋아하게 되는 단순한 궁정도 알고 있다.

운제는 조심조심 조그마한 휠체어에 앉았고 앉는 순간 온 얼굴이 근육으로 좌화감을 표현했다. 운제가 물었다.

"여행에서 휠체어 탔던 남자친구 있었어?"

"아니?"

운제는 앉은 채로 내 허리를 꼭 끌어안았다. 손은 각자를 긴 게 내를 옮아맸다.

"이런 운지는 아무랑도 못 느낄 거야. 우리가 최고야. 우리 여행 최고."

우다영

2014년 『세계의 문학』 신인상을 받으며 등단했다. 지은 책으로 소설집 『밤의 징조와 연인들』 『앨리스 앨리스 하고 부르면』, 중편소설 『북해에서』가 있으며, 앤솔러지 『열다섯, 그럼 나이』 『조립하는 세계의 사랑』 등에 참여했다.

241

POETRY
사랑의 순간들로의 여행
Vol. 1

1쇄 발행 2024년 2월 26일

펴낸곳 바른생각
기획/제작 전민진, 이한샘, 김봉주
사진 맹민화
디자인 곽상일
객원 기자 박햇님
일러스트 김명

발행처 콘텐츠스튜디오 줄
출판등록 제2022-0001109호 2020년 5월 12일
전화 02-336-3816
주소 서울시 마포구 망원로6길 30 201호
이메일 jul@contentsjul.com
www.contentsjul.com

ISBN 979-11-979256-1-0 03050
ISSN 3022-5361